법

첫 단 추 시 리 즈

법

레이먼드 웍스 지음
이문원 옮김

교유서가

차례

제 I 장

법의 뿌리

　버스에 타면, 법이 있다. 아무도 알아채지 못한 사이에 여정에 대한 운임을 지불하는 계약이 체결된다. 돈을 내지 않고 버스에서 내린다면 형법의 그물망이 당신을 덮친다. 당신이 타고 있는 버스에 사고가 난다면 법은 책임과 손해를 정할 준비가 되어 있다. 법은 당신의 직업, 당신의 가정, 당신의 사회 관계, 당신의 삶과 죽음을 비롯한 많은 것을 관리하고, 제어하며, 규제한다. 사법제도는 어느 사회에서나 그 중심에서 권리를 보호하고 의무를 부과하며, 거의 모든 사회, 정치, 경제 활동의 뼈대를 이룬다. 가해자를 벌하고 피해를 보상하며 합의의 이행을 보장하는 것은 현대 사법제도가 맡은 역할 중 극히 일부에 불과하다. 나아가 사법제도는 정의를 구현하고 자유를 확대하며 법치주의를 유지하고 안전을 확보하려 한다.

한편 법은 일반인에게 고도로 기술적이고 혼란스러운 수수께끼와 같다. 알아들을 수 없는 낡은 법률 용어와 구시대적인 소송 절차, 끝도 없이 이어지는 복잡미묘한 법률들과 부속 법령들과 판례들 때문이다. 법률가들은 과거 지향적이다. 예를 들어 영미법의 '선례구속의 원칙'은 과거 사례를 현재의 규범으로 만들어 불안정한 세계에 확실성과 예측 가능성을 부여한다.

그러나 법이 만고불변인 것은 아니다. 법은 세계화, 급격한 기술 발전, 행정 규제의 증대에 떠밀려 변화한다. 한 국가의 사법제도는 이러한 변화를 예측하고 이에 대응해야 할 임무를 맡는다. 한편 많은 사람은 국제법에 의지하여 국가 간 분쟁을 해결하고 극악한 독재자를 처벌함으로써 더 나은 세계를 만들고자 한다. 이 또한 현대 사법제도가 직면한 무수히 많은 과제 중 일부일 뿐이다.

법은 언제나 논란거리이다. 법률가와 정치인은 법의 가치를 추앙하는 반면, 개혁주의자는 법으로 충분하지 않다고 한탄하며, 회의주의자는 정의와 자유, 법치주의에 대한 법의 독선적 옹호를 불신한다. 그럼에도 법이 우리의 사회적, 정치적, 윤리적, 경제적 삶을 진보시키고 개선하는 매우 중요한 도구임을 부인할 사람은 거의 없다. 과거에는 개인사에 불과하다고 여겼던 문제에 법적 규율이 얼마나 많은 변화를 초래했는지 생각해보자. 성·인종 평등의 고취, 일과 놀이에서의 안전, 더 건강한 음식, 무역의 투명성, 그 밖에 여러 훌륭한 성과들이 떠오른다. 인권, 환경, 생명·신체의 안전을 도모하기 위한 법들도 우후죽순처럼 생겨나고 있다. 이제는 무엇도 광범위한 법망을 벗어나지 못한다. 입법 사업의 호황으로 너무나 많은 법이 생겨난 나머지, 일반 시민들이 법과 친숙해지는 것이나 정부가 그 법들을 집행하는 것 모두가 어려워진다.

법은 뉴스이다. 살인, 합병, 혼인, 사고, 사기는 매일같이 언론의 먹잇감이 된다. 특히 분쟁이 법정까지 이어질 때면 더욱 그러하다. 유명 인사에 관한 선정적인 재판들은 그저 빙산의 일각일 뿐이다. 법에서 소송은 지극히 사소한 일부에 불과하다는 사실은 다음 장만 읽어도 알 수 있다.

그런데 대체 법이란 무엇인가? 너무 간단해서 기만적인 이 질문에 사람들은 대체로 두 가지 방향의 답변을 제시해왔다. 첫번째 견해에 따르면 법이란 자연에 부합하는 보편적 도덕률의 모음으로 이루어진 것이다. 이 시각은 이른바 '자연법주의(naturalist)' 법률가들이 채택한 것으로, 고대 그리스까지 거슬러 오르는 오랜 전통의 산물이다. 반면 이른바 '법실증주의자(legal positivists)'들에게 법이란 실정(實定)의 법과 명령, 규범의 집합에 불과하여, 여기에는 어떠한 도덕적 요소도 없다.

어떤 이들은 법이란 본래 개인의 권리를 보호하고, 정의와 경제적·정치적·성적 평등을 달성하는 수단이라고 본다. 그러나 법이 사회 맥락과 분리될 수 있다고 여기는 사람은 거의 없다. 법의 일상적인 작동을 제대로 이해하기 위해서는 법의 사회적, 정치적, 도덕적, 경제적 측면을 반드시 보아야 한다. 특히 변화의 시대에 그러하다. 우리는 (법과 도덕을 분리하는) 법 형식주의(formalism)의 취약성을 간과해서는 안 된다. 법과 그 가치 사이의 연관성을 놓치는 것은 살얼음판 위를 걷는 것처럼 위험하다. 법의 본성을 묘사하기란 무척 난해하여 당혹스러울 정도이긴 하다. 그러나 이렇게 묘사된 그림에는 우리가 누구인지, 무엇을 하는지에 관하여 중요한 통찰이 담겨 있다. 법에 대한 서로 다른 입장은 어떻게 구별되고 그 결과물은 또 어떻게 다른지 곧 분명하게 알 수 있을 것이다.

법의 탄생

법이 사회에서 차지하는 중요성은 막대하지만, 일반적인 법률의 형태가 된 것은 기원전 3000년에 이르러서였다. 문자가 출현하기 전까지 법은 관습의 형태로만 존재했다. 성문화되지 않았기 때문에 법이 지속적으로 광범위하게 적용되기는 어려웠다.

가장 먼저 등장한 성문법 중에는 바빌로니아 왕국의 건국 자이자 통치자의 이름을 딴 함무라비 법전이 있다. 함무라비 왕(기원전 1792~1750년 재위)은 기원전 1760년경에 법을 반포 하였다. 이는 신민들이 자신의 권리와 의무를 알 수 있도록 지 배자가 법을 체계적으로 정리하여 반포한 최초 사례 중 하나 이다. (현재 파리 루브르 박물관에 소장된) 검은 석판에 새긴 이 법전은 약 300개의 조문으로 이루어져 있다. 여기에는 허위증 언을 한 자에게 가해질 처벌(사형)에서부터, 집이 무너져 거주 자가 사망한 경우 그 건물을 지은 자에게 부과될 처벌(사형)에 이르기까지 광범위한 생활상과 연관된 규칙이 있다. 이 법에 는 가해자의 항변이나 면책사유가 전혀 없다고 봐도 무방한 데, 이는 무과실책임[고의나 과실 없이 부담하는 손해배상책임. 근 대법의 원칙적 과실책임과 대비되는 개념으로, 현대 자본주의의 발 전에 따른 사회적 불공평을 시정하기 위하여 다시 채택되고 있다]의 지극히 초창기의 사례라고 할 만하다.

사실 함무라비 왕은 이전 시대에 존재하던 법들(이에 관하여 는 매우 희미한 증거밖에 남아 있지 않다)을 성문화한 것이었고, 이는 법전에도 암시적으로 드러난다. 그러므로 함무라비 법전 은 바빌로니아 고대 왕정의 지배에 앞서 존재하던 관습을 반 영한 것이라고 보아야 할 것이다. (그림 1)

보다 놀라운 초기 법제정의 사례로는 기원전 6세기에 아테

1. 바빌로니아의 왕이 기원전 1760년경에 만든 함무라비 법전. 잘 보존된 섬록암 석비에 수록된 282조의 규칙은 이 법이 지배했던 당시 삶에 대한 흥미로운 통찰을 준다.

네의 정치가였던 솔론(Solon)이 만든 법이 있다. 고대 그리스의 일곱 현자 중 한 명이기도 한 솔론은 아테네에 닥친 사회·경제 위기를 극복하기 위하여 법을 제정할 수 있는 권한을 위임받았다. 그가 제정한 법은 경제, 정치, 혼인, 범죄와 형벌에 관한 중대한 개혁을 광범위하게 포함했다. 솔론은 자산 상태에 따라 사회를 다섯 계급으로 나누고, 계급에 따라 (납세 의무를 포함한) 의무를 부과하였다. 그는 농민들이 빚 때문에 자기 땅과 신체를 담보로 제공하고 농노로 전락하지 않도록 과감히 빚을 탕감해줌으로써 농노제도를 없앴다.

상층과 하층 계급 시민 간의 분쟁을 해결하기 위하여, 로마인들은 기원전 450년경에 이른바 '12표법(the Twelve Tables)'이라고 알려진 일련의 법을 동판에 담아 반포하였다. 기원전 455년경에는 '10인 입법 위원회(Decemviri)'가 임명되었다. 이들이 특권 계급(귀족)과 일반 인민(평민)을 포함한 모든 로마인이 준수해야 할 법의 초안을 만들면 집정관 2인이 법을 집행하기로 하였다. 그 결과 10개의 동판을 채운 여러 규칙의 모음이 완성되었다. 대부분은 이전부터 존재해온 관습에서 유래한 것이었다. 그러나 결과가 불만족스러웠던 귀족들은 기원전 450년에 두번째 10인 입법 위원회를 선임하였고, 이에 따라 2개 조항이 추가되었다.

기원전 1세기에서 기원후 3세기 중반에 이르는 소위 고전기 법률가의 시대에 로마법은 상당히 세련된 모습으로 변모하였다. 그리고 고전 법률가들(가이우스, 울피아누스, 파피니아누스, 파울루스 등)은 대단한 다작가였기 때문에 그들이 만든 막대한 결과물은 곧 다루기 어려울 정도로 거추장스러워졌다. 그리하여 기원후 529년과 534년 사이에 동로마제국의 황제 유스티니아누스는 이 여러 권의 문서를 체계적이고 종합적인 성문법전으로 압축하도록 명하였다. 그 결과로 집대성된 세 권의 책 『로마법 대전Corpus Juris Civilis』(학설휘찬Digest, 칙법휘찬Codex, 법학제요Institutes로 이루어져 있다)은 확실하고도 명확하게 모든 사안을 규정하여 더이상 법에 대한 해석이 필요 없는 완전한 법률로 사용될 예정이었다. 그러나 머지않아 무조건적 명확성이라는 이상은 환상에 불과함이 드러났다. 조문이 지나치게 길었을뿐더러(100만 단어에 육박했다) 너무나 상세해서 쉽게 적용하기 어려웠기 때문이다. (그림2)

그럼에도 유스티니아누스 법전의 저력은 그 꼼꼼한 상세함에 있었다. 서로마제국이 무너진 후 600년 이상이 지나자 유럽에서는 로마법에 대한 연구가 폭발적으로 꽃피기 시작했다. 여전히 동유럽 일부에서 영향력을 행사하던 유스티니아누스의 법전은 유럽의 법률가들이 자신들의 연구를 실험해볼 수 있는 완벽한 견본이었다. 서유럽의 첫 대학교인 볼로냐 대학이 1088년에 설립된 이래 4세기에 걸쳐 유럽 전역에 대학이

2. 비잔틴제국의 황제 유스티니아누스를 그린 뛰어난 모자이크로, 이탈리아 동북부 도
시 라벤나(Ravenna)에 있다. 그는 로마의 법들을 집대성하여 성문화한 『로마법
대전』의 편찬을 지휘했다. 학설휘찬, 칙법휘찬, 법학제요와 이후에 추가된 신칙법으
로 이루어져 있다.

급증하면서, 법학도들은 교회법과 함께 유스티니아누스 법전을 교육받았다. 이 법의 복잡하고도 모순된 성격은 장점이기도 했다. 최종본의 완전함을 향한 황제의 집착은 실패하였으나, 방대한 법은 새로운 시대의 요구에 맞도록 해석과 조정을 더해갔다. 이러한 방식으로 로마의 만민법은 르네상스와 종교개혁의 시대에 반대자들을 직면하게 되기 전까지 유럽 전역으로 퍼져 나갔다.

그러나 18세기가 되자 더 축약된 법전이 필요하다는 인식이 생겨난다. 유스티니아누스 법전은 간결성, 접근성, 포괄성을 갖춘 일련의 새로운 법전들로 대체되어야 했다. 1804년의 나폴레옹 법전은 이 원대한 포부를 성취한 대표적인 사례이다. 나폴레옹 법전은 식민지를 통하여 유럽 서부, 남부의 넓은 지역으로 퍼졌고, 라틴아메리카로도 전해졌으며, 유럽 전역에서 막대한 영향력을 행사했다. 1900년 독일에서는 좀더 기술적이고 관념적인 법전이 제정되었다. 이른바 독일 통일민법(BGB)으로 알려진 이 법의 영향력도 상당했다. 중국, 일본, 한국, 대만, 그리스, 발트 해 국가들에서 도입될 민법전의 모델이 되었다.

서양의 법 전통

서양의 법 전통에는 몇 가지 특징이 있다. 구체적으로는 다음과 같다.

- 사법기관(재판, 입법 그리고 그로부터 제정되는 법률)과 그 밖의 기관 사이의 상당히 엄격한 구분: 전자에 속하는 사법 당국은 정치 기관보다 우위에서 권한을 행사할 수 있음.
- 법원(法源, 법의 근원)이자 법 교육, 지식, 제도적 실천의 기초가 되는 법의 본질적 원리가 존재함.
- 자체 논리를 갖는 일관되고 유기적인 본체로서의 법과 법원칙이라는 법에 대한 관념.
- 전문 훈련을 거친 변호사와 그 밖의 법조 직역의 존재.

이 특성 가운데 일부는 서양 이외의 법 전통에서도 발견되기도 하나, 사회에서 법의 기능이 차지하는 중요도나 그 기능을 대하는 태도라는 측면에서 큰 차이가 있다. 법, 특히 법치주의는 서유럽에서 사회 자체의 의의이자 구성의 근본 요소이다. 법과 법적 절차에 대한 숭상은 현대 서구 민주주의 국가의 정부가 국내외에서 활동하는 방식을 결정한다.

법치주의의 이상은 멀게는 1215년의 마그나카르타(견제되지 않고 책임지지 않는 왕권이라는 관념을 거부하였다)에서 기원을 찾을 수 있다. 더 가깝게는 영국의 헌법학자인 앨버트 벤 다이시(Albert Venn Dicey)의 글에서 엿볼 수 있다. 1885년에 출간된 유명한 저작 『헌법 연구개론An Introduction to the study of the law of the Constitution』에서 그는 영국 (불문)헌법의 근본 계율과 법치주의의 개념을 설명했다. 이에 따르면 법치주의는 다음의 세 가지 원칙으로 구성된다.

- 일반법은 자의적 권력의 영향력보다 절대 우위를 차지함.
- 법 앞에서의 평등. 모든 계급은 그 지역의 일반 법률에 의하여 행하는 일반법원의 법 집행에 동등하게 복종함.
- 헌법은 개인의 권리로부터 도출되며, 법원이 권리를 규정하고 강제함.

법치주의에 관한 다이시의 원론적 이해를 현대적으로 응용하려는 견해는 합법성, 권위, 민주적 통치 같은 실질적 문제에 집중한다. 예를 들어 어느 논자는 다이시의 원칙에 덧붙여 개개인이 삶을 계획을 수립하는 데 법치주의가 필수 역할을 한다고 주장한다. 이를 위하여 법은 다음과 같은 모습을 갖추어야 한다. 첫째, 소급하여 적용되지 않아야 한다. 둘째, 변동이 적어야 한다. 셋째, 개별 법률은 개방적이고 일반적이며 명료한 규칙들로 이루어져야 한다. 넷째, 법원은 독립적이며 접근

가능해야 한다. 다섯째, 법 집행자의 재량은 제한되어야 한다.

그러나 이 원칙들을 준수하는 것만으로 곧바로 정의로운 사회가 되지는 않는다. 부당한 사법체계도 이러한 규범은 충족할 수 있다. 아파르트헤이트 체제 하의 남아프리카공화국이 대표적이다.

대륙법과 영미법

대륙법이란 이름으로 알려진 성문화된 법체계는 유럽의 대부분과 남미, 기타 지역(그림3)에서 사용된다. 반면 영국, 구영국 식민지, 미국, 캐나다의 대부분의 지역에서는 영미법 체계가 사용된다. 대륙법은 종종 네 종류로 구분한다. 첫째는 프랑스 법계로 벨기에와 룩셈부르크, 캐나다 퀘벡 주, 이탈리아, 스페인 및 이 국가들의 식민지였던 곳에서 사용된다. 둘째는 독일 법계로 큰 틀에서 오스트리아, 스위스, 포르투갈, 그리스, 터키, 일본, 한국, 대만에서 사용된다. 셋째는 스칸디나비아 법계로 스웨덴, 덴마크, 노르웨이, 아이슬란드에서 사용된다. 마지막으로 중국 법은 대륙법과 사회주의법의 요소를 혼합한다. 이는 결코 엄밀한 분류는 아니다. 예를 들어 이탈리아, 포르투갈, 브라질의 법은 과거 수 세기 동안 민법의 핵심 요소를 독일 민법으로부터 수용하면서 독일 법에 가까워졌다. 러시아

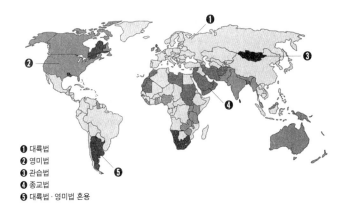

❶ 대륙법
❷ 영미법
❸ 관습법
❹ 종교법
❺ 대륙법·영미법 혼용

3. 대륙법 체계가 수적으로 우세하지만 영미법계의 국가, 그 밖의 소수의 종교법, 관습법을 따르는 국가들이 존재한다.

법은 네덜란드 법 일부의 변형이다.

대륙법과 영미법이라는 두 전통은 지난 세기 동안 점점 더 가까워지긴 했지만, 여전히 양 체계 사이에는 최소한 다섯 가지 중요한 차이가 있다. 첫째, 영미법은 원칙적으로 법문으로 작성되지 않은 불문법이다. 중세의 왕립법원에서 변호사와 법관들이 논쟁하던 시대의 구술 전통에 기반하고 있기 때문이다. 이러한 전통은 강력한 왕권의 뒷받침 아래에서 중세의 법 전문가들이 발전시킨 것인데, 유럽에서 로마법 연구가 부흥하기 전에 이미 법 전통이 형성되었기 때문에 영국에는 로마법이 '계수(繼受)'되지 못했다.

영미의 법률가들은 여러 세대에 걸쳐 법의 성문화를 거부해왔다. 다만 이러한 저항은 미국에서부터 점차 약화되고 있다. 1923년에 설립된 미국법률협회(미국의 변호사, 법관, 법학자로 이루어진 단체)는 계약법, 재산법, 대리법, 불법행위법, 신탁법 등의 법 영역에 관하여 이른바 '리스테이트먼트 (restatements)'를 작성하여 법의 기본 태도가 무엇인지 법관과 변호사가 알기 쉽도록 조문화하였다. 〔본래 법관이 서술(state)한 법, 즉 판례법을 현재 시점에서 다시 한번 재서술(restate)한 것이라는 의미이다.〕 그러나 법의 성문화에 이른 것은 아니고 법의 명료화만을 추구한 것이다. 리스테이트먼트는 미국 법원에서 광범위하게 이용되면서 (완전히 일관적으로 인정받는 것이 아니만) 2차적 권위를 인정받고 있다. 더 중요한 것은 통일상사법전(UCC. Uniform Commercial Code)의 도입이다. 이는 상사 거래의 핵심 측면을 미국 전역에 걸쳐 통일해 규율하려는 법이다. 미국 내 50개 주마다 법이 다른 상황에서 상거래 부문의 통일된 규율은 경제 운용에 필수이기 때문이다. 뉴욕 주에 사는 사람이 미시간 주에서 생산해 메인 주에 있는 창고에 보관되던 차량을 뉴저지 주에서 구매하려고 할 때, 표준화된 상사규범이 없다면 대단히 혼란스러울 것이다.

둘째, 영미법은 판례법이다. 법조문이 기본이 되는 대륙법과 달리 영미법에서는 개별 사건들이 법리의 주춧돌을 이룬다. 영미법 국가인 미국이나 오스트레일리아, 안티과에서 지나가는 법학도 아무나 붙잡고 무엇을 공부하고 있는지 물어보자. 십중팔구 '판례를 읽는 중'이라고 대답할 것이다. 그러나 아르헨티나나 오스트리아, 알제리의 법학도에게 똑같이 물어본다면 민법전과 형법전을 집요하게 독파중이라는 대답을 듣게 된다. 영미법 국가의 법률가들은 법전에 공표된 바가 아니라 법원이 말하는 판시 내용에 집착하기 때문에, 법률문제를 해결할 때 상대적으로 실용주의적이면서도 이론적 엄밀함은 다소 부족한 태도를 취하게 된다.

셋째는 법원 판결의 중요성에 대한 관점의 차이이다. 영미법은 선례구속의 원칙을 사법제도의 최고 원칙으로 끌어올린다. 이 원칙은 현재 사건과 사실관계가 유사한 과거의 법원 판결이 현재 사건을 지배하며, 상급 법원의 판결은 사법적 위계질서하에서 하급 법원을 구속한다는 의미이다. 이러한 시각은 안정성, 예측 가능성, 객관성을 확보한다는 측면에서 정당화된다. 다만 판사들은 외견상 유사해 보이는 선례가 해당 사건과 몇몇 중요한 부분에서 다르다고 '구별'함으로서 구속에서 벗어날 수 있다.

넷째, 일반적으로 영미법은 '구제책이 있는 곳에 권리가 있다'는 전제에서 출발하지만, 대륙법의 전통은 정반대 입장을 취한다. 즉 '권리가 있는 곳에 구제책이 있다'는 것이다. 영미법이 권리가 아닌 구제 중심의 태도를 갖게 된 것은 12세기 잉글랜드에서 발전한 영장(writ) 제도의 산물일 것이다. 당시에는 잉글랜드 국왕이 정의의 원천으로서 고유의 재판권을 가진다고 여겼기 때문에 국왕법원에 제소하여 소송을 시작하려면 왕권이 발부하는 소송개시영장이 필요했다. 모든 청구에는 고유의 영장 정본이 요구되었다. 예를 들어 빌려준 돈을 받기 위해서는 채무지급영장 발급이 선행되어야 했으며, 토지를 되찾기 위해서는 권리영장이 필요했다. 17세기에 들어서 종래의 인신보호영장(habeas corpus. 신체를 꺼내 보인다는 의미이다)은 전제왕권을 견제하는 필수적인 역할을 하게 되었다. 이는 타인의 신체를 구속하려는 사람에 대하여 피구금자의 신

병을 법원에 제출하도록 명하는 영장이었는데, 법원의 심리 결과 구금이 법적으로 정당하지 않을 경우에 법관은 피구금자의 석방을 명할 수 있었다. 대륙법 국가들도 한 세기 후에 이 원칙을 받아들였고, 오늘날에는 자유로운 사회의 기본 원칙이 되고 있다.

마지막으로, 13세기부터 영미법은 형사 및 민사 사건에 배심원 심리를 도입하였다. 이에 따라 배심원은 사건의 사실관계를 확정하고 재판관은 확정된 사실관계에 법을 적용한다. 오늘날까지 배심심리는 영미법의 본질적 특징으로 남아 있다. 반면 대륙법은 사실관계의 확정과 법률의 적용을 모두 법관이 담당한다. 나아가 영미법 국가에서 여전히 구술 전통이 중요한 반면 대륙법 국가에서 서면을 중심으로 논쟁이 이루어지는 점도 배심제도와 관련이 있다. (글1 참조)

물론 국가 중에는 사법제도가 성문화되지는 않았지만 로마의 지대한 영향을 받은 스코틀랜드 같은 곳도 있다. 반면 어떤 국가들은 로마법의 충격을 피하였으나 다수의 입법으로 대륙법의 전통과 비슷한 체계를 갖추게 되었다. 스칸디나비아 국가들이 대표적인데, '로마-게르만' 법 계통 중에서 독특한 지위를 차지하고 있다.

글 1. 영미법, 혼란, 성문화

영미법(the common law)이 몇 개의 조문으로 이루어져 근거 법률만 참조해도 이해할 수 있는 것이라면 인생은 훨씬 간단해질지 모른다. 그러나 문제의 현실은 그보다 훨씬 혼란스럽다. 영미법을 이상적 법상태에 부합하게 만드는 유일한 길은 법체계 전체를 성문화하는 것인데, 그렇게 된다면 더이상 보통법(the common law)이 아니게 된다. 성문화에 대한 신화는 (인간인 재판관에 의한 판례가 아닌 법률에 의한 지배라는 점에서) 또다른 이상인 법치주의에 기대고 있다. (…) 이는 결과적으로 영미법이 본질적으로 규칙들의 집합이라는 관념을 왜곡하고, 마치 누군가가 영미법의 규칙들을 양떼에서 양을 세듯 수를 분류하고 석판에 새길 수 있을 것처럼 여기게 한다.

브라이언 심슨, 『영미법과 법이론』

종교법

어떠한 사법체계를 제대로 이해하려면 그 종교적 연원에 대한 연구를 빼놓을 수 없다. 종교의 영향이 깊고도 지속적이었기 때문이다. 서구 세계에서는 로마가톨릭교회가 가장 오랜 기간 종교법 체계를 운용해왔으며, 현대 사법체계에 미친 영향도 확연하다. 서양 사법제도의 기본적 기관, 개념, 가치는 11, 12세기의 종교 의례, 예배, 교리에 근거를 두고 있으며, 죽음, 죄와 벌, 용서와 구원에 대한 태도를 비롯하여 신과 인간, 신앙과 이성의 관계에 대한 새로운 관념이 반영되어 있다.

12세기 유럽에서 교회법은 여러 영역에서 중요한 역할을 했다. 교회재판소는 이단, 우상 숭배, 동성애, 간통, 명예훼손, 위증 등 넓은 영역의 문제를 관할하고자 하였다. 오늘날까지도 교회법은 여러 종단에서 활용되며 특히 가톨릭교회, 동방정교회, 성공회교회가 대표적이다.

세속주의의 부상에도 불구하고 종교법의 영향력은 완전히 제거될 수 없었다. 서양에서도 순연히 종교적인 문제에 관해서는 종종 사법부의 관할권이 축소되었다. 나아가 다수의 사법체계는 가사 문제의 규율에 종교법 요소를 도입하거나 이를 종교 기관에 일임한다. 그럼에도 서양 법제도의 가장 중요한 특징 중 하나는 바로 국가와 교회의 분리이다.

반면 상당수 국가에서는 종교법의 전통과 국가의 법제도가 공존한다. 몇몇은 종교법을 국법으로 도입하기도 하였다. 가장 대표적인 사례는 탈무드 법, 이슬람 법, 힌두 법이다. 이 세 가지 법은 모두 법적 권위를 신성한 존재로부터 구한다. 각각 『탈무드』, 『코란』, 『베다』라는 경전의 교리들로부터 도출된 것이다.

이들은 모두 세속의 법률에 다양한 방식으로 영향을 미쳤다. 예를 들어 서양의 상법, 민법, 형법 중 상당한 부분은 탈무

글2. 탈무드 법

탈무드는 이미 지나간 시대의 사상들을 비롯하여 여러 세대에 걸쳐 제시된 끝없이 다양한 의견들을 총망라한 율법서라는 독특한 지적 구상을 보여준다. 결코 완결된 적 없는 책으로 이해되었기 때문에, 각 시대가 도래함에 따라 새로운 견해가 제시될 가능성을 여전히 열어두고 있다. 그 어떤 법 전통에서도 이와 유사한 것을 찾아볼 수 없다.

– 패트릭 글렌, 『영미법론』

글3. 이슬람 법

이슬람 법은 인위로 만들어낸 정제된 범주들이 아니라, 인류에 관한 상식적 가정과 일관성을 추구한다. 즉 매일의 일상으로부터 도출한 규범이 시금석이 되는 사법체계이지 추상적 원리를 완벽하게 다듬어낸 것이 아니라는 의미이다. 이러한 관점에서 볼 때 이슬람 법은 고도로 발전되었고 통합적이며 논리정합적이고 성공적이다. 인간은 도덕을 발명할 것이 아니라 신의 도덕적 한계를 따라야 한다. 그러나 신에 의하여 확립된 한계 안에서 우리는 우리의 존재, 복잡함, 영향에 관한 지식과 관계를 맺고 교통할 수 있게 된다.

로렌스 로젠, 『정의의 인류학: 이슬람 사회의 문화로서의 법』

> **글4. 힌두 법**
>
> 힌두 법은 세계와 법의 변화 가능성을 인식한다. 그러나 결코 이를 긍정하는 법 없이 단지 견뎌내라고 한다. 앞으로 일어날 일들은 세계의 기본 조화를 해쳐서는 안 되며, 만약 이를 어길 경우 나쁜 업보에 해당하므로 대가를 치러야 한다. 그러므로 힌두의 전통은 성문 전통으로서는 드물게도 매우 관대한 편이다. 관용은 변방이 아니라 중심에 위치한다. 그리고 관용은 그 자체로 지배 원리가 된다.
>
> 패트릭 글렌, 『세계의 법 전통: 법의 지속 가능한 다양성』

드 법에서 온 것이다. (글2 참조) 나아가 종교법은 영미법과 대륙법 이외에 네 가지 서로 다른 법 전통의 형성에도 기여하였다.

이슬람 법(샤리아 법이라고도 한다)은 많은 부분을 『코란』의 가르침으로부터 가져온다. 『코란』은 국가와 사회에 적용되는 것을 넘어서 인간 삶의 모든 부분을 다룬다. 세계 인구의 5분의 1가량인 약 13억 명이 코란을 받아들이고 있다. (글3 참조)

힌두교의 핵심은 현세에서 이룬 선악의 행업으로 말미암아 내세에서의 삶이 결정된다는 '업보(karma)'를 상정한 것이다. (글4 참조) 힌두 법은 특히 가족법과 상속법 영역에서 주로 인도에 거주하는 약 9억 명의 인구에게 적용된다.

관습법

어떠한 관행이 관습법을 이루기 위해서는 그 관행이 단지 자주 이용되거나 습관처럼 행해진다는 것으로는 부족하고, 법률적 규범의 수준에 이르렀다고 인정받아야 한다. 이를 판단하기는 어려운 일이다. 그럼에도 몇몇 아프리카 국가들처럼 사법체계가 혼합적인 국가에서는 관습법이 여전히 매우 중요한 역할을 한다. 인도와 중국에서도 관습의 지속력이 잘 드러난다. 특히 중국의 경우 홍콩특별행정구 기본법은 1997년 7월 1일 홍콩이 중국으로 반환되기 전에 인정되던 관습법을 법률로 계속 적용할 수 있도록 한다. 이와 같은 입법에 따라 홍콩 법원은 홍콩 외곽 지역에서 토지에 관한 중국의 관습과 관습적 권리를 승인하고 강제할 수 있게 되었다.

혼합적 사법체계

몇몇 국가에서는 둘 이상의 법체계가 상호작용한다. 남아프리카공화국의 예를 보자. 네덜란드 법률가들이 로마법을 수용하면서 탄생한 로마-네덜란드계 법 전통은 17~18세기에 남아프리카의 케이프 식민지로 수출되었다. 이후 19세기에 영국이 남아프리카에 진출함에 따라 영미법도 수용되었는데, 두 가지 법체계는 놀라운 법적 조화를 보이며 공존해왔다. 남아프리카 사법체계의 혼종성은 혼합적 법체계의 생생한 사례이며 오늘날까지도 유지되고 있다. 남아공에서 로마-네덜란드법과 영국 법은 보석과 장신구의 관계와 같다. 즉 영국이 만든법질서 안에 이질적인 로마-네덜란드 법이 단단히 자리를 잡으면서도 아름다움을 유지하는 것이다. 설령 남아프리카공화국의 민법과 형법이 순수한 로마-네덜란드 법으로 유지되었다고 하더라도 여전히 영미법과 대륙법의 요소들이 공존하며다투는 혼종적인 법체계를 이루었을 것이다.

반면 이와 비슷하게 1799년과 1803년에 각각 로마-네덜란드 법이 수용되었던 스리랑카와 가이아나의 경우에는 더 이상 혼합적 성격이 나타나지 않는다. 오늘날 영미법이 완전히우위를 점하게 되었기 때문이다.

중국 법

다른 유교 문명 사회와 마찬가지로 전통 중국 사회는 서양법제도의 근간이 된 사상으로부터 법체계를 발전시키지 않았다. 대신 유교는 '예(禮)' 개념을 채택하였다. 이에 따라 보편적이고 균등하게 적용되는 고정된 규칙으로 이루어진 법체계는거부되었다. 비록 중국에서도 이른바 '법가' 사상가들은 '법'과법치주의를 강조하며 유교의 정치적 권위에 대항하고자 하였으나 여전히 '예'의 유기적 질서를 대체하지는 못하였고, 중국은 지속적으로 유교의 영향력 아래에 있다.

중국은 극적인 근대화를 이룩함에 따라 경제·금융 발전을 가능하게 할 법률들을 필요로 하게 되었다. (글5 참조) 그러나 중국의 새로운 법제는 서양과 달리 이념적으로 법의 우위를 추구하지는 않는다. 현대 중국에서 법은 도구적이고 실용적인 역할만을 맡는 것으로 남았다. 중국의 법체계는 본질적으로 대륙법적이고, 많은 부분이 성문화되었지만 아직 법을 존중하는 수준이 높지 않으며, 중국 공산당의 통제를 약화하지도 못하였다.

글5. 중국의 법의 미래

저자는 과감하게 다음과 같이 주장하고자 한다. 현행 경제 개혁의 결과로 경제·사회 변화가 중국을 휩쓸면서, 전통적 법문화의 폐쇄적인 요소들과 관련한 사회적 맥락이 시간이 경과함에 따라 자유주의, 민주주의, 인권, 법치주의에 호의적인 요소들로 이루어진 맥락으로 대체될 것이라고. 그리고 이러한 요소들은 유교적 자애, 도덕적 자기수양, 그리고 천지인물(天地人物)의 조화를 향한 조용하고도 끊임없는 영적 탐색이라는 중국 전통의 열린 요소들에 계속해서 조응하고 감화되어, 완전히 새롭게 태어난 중국 문화 속에 단단히 자리잡을 것이다.

앨버트 첸, 「유교 법문화와 그 근대적 운명」

법의 유혹

사람들은 부당한 일을 당하면 분개하며 이렇게 말하곤 한다. "이런 문제는 법이 해결해줘야 할 것 아냐!" 우리가 어려운 상황에서 법을 찾으려고 하는 것은 당연한 태도이다. 그리고 만약 법이 적절한 해결책을 제시해주지 못하면 우리는 좌절감과 분노를 느낀다. 그러나 반사회적 행위를 법으로 규제하기란 겉보기만큼 간단한 것은 아니다. (특히 과학기술과 관련한 법의 어려움을 짚는 6장에서 더욱 분명히 드러난다.) 우리가 선불리 법(또는 변호사)을 찾기 전에, 법에 대한 지나친 기대에 관하여 반론을 제시한 미국 재판관 러니드 핸드(Learned Hand)의 말에 귀기울여보자.

저는 우리가 헌법과 법률 그리고 법원에 지나친 희망을 걸고 있지는 않은지 종종 생각해봅니다. 헛된 기대입니다. 단언컨대 헛된 기대입니다. 자유는 시민 남녀의 심장에 있는 것입니다. 그곳에서 자유가 죽는다면 어떠한 헌법도, 법률도, 법원도 할 수 있는 일이 없습니다. 아직 자유가 살아 있다면 자유를 구하기 위해 헌법, 법률, 법원이 필요하지도 않습니다.

이 의견이 정당한지 아닌지는 이 책을 계속 읽어나가는 동안 독자 스스로 판단할 수 있을 것이다.

법의 기능

규칙이 없는 축구, 체스, 카드놀이는 상상하기 어렵다. 가벼운 포커 클럽조차 멤버들이 모두 따르리라고 기대되는 일련의 규칙들 없이는 제 기능을 할 수 없다. 그래서 당연하게도 사람들이 더 큰 사회 집단을 형성할 때 언제나 법이 필요하다. 법 없는 사회는 상상하기 힘들다. 불행하게도 우리는 이기심으로 행동하기 때문이다. 법이 우리의 자유에 가하는 제약은 우리가 공동체를 이루고 살아가기 위해서 불가피하게 지불해야 할 대가이다. 로마의 위대한 법률가인 키케로는 이렇게 말했다. "우리는 자유롭기 위해 법의 노예가 되어야 한다." 법은 우리에게 안전과 자기결정권을 제공하며, 그로써 사회·정치 발전의 초석을 이룬다.

질서

'법과 질서(law and order)'라는 상투적인 문구는 아마도 '질서를 위한 법(law for order)'이라고 표현하는 편이 진의에 가까울 것이다. 법 없이는 질서도 실현할 수 없다는 것은 상식에 가깝다. 그리고 질서는—오늘날에는 일반적으로 '안보'라고 표현한다—거의 모든 정부의 가장 중요한 존재 가치이다. 구성원들을 보호하고자 하는 열망은 사회의 필수불가결한 전제

조건이다.

토머스 홉스는 사회 계약 이전의 자연 상태에 관하여 논한 것으로 유명하다. 그가 상정한 자연 상태에서 인간의 생존 조건은 '고독하고, 가난하며, 끔찍하고, 야만적이며, 단명하는' 것이다. 홉스의 주장에 따르면 인간이 질서와 안전을 유지하기 위해서는 법과 정부가 필요하다. 그러므로 우리는 사회 계약을 맺고 우리의 자연적 자유를 포기함으로써 질서 있는 사회를 만들어내야 한다. 그의 철학은 질서를 정의 위에 둔 것으로, 오늘날에는 다소 권위주의적이라고 평가된다. 실제로 홉스가 스스로 저술의 목적이라고 밝혔듯 그의 이론은 가장 고약한 정부에 대항한 혁명조차 정당하지 않다고 역설한다.

홉스는 인간이 정신적으로나 육체적으로나 본디 평등하다는 점을 강조한다. 가장 약한 자조차 가장 강한 자를 죽일 정도의 힘은 갖고 있기 때문이다. 바로 이 평등이 갈등을 만들어낸다. 홉스에 따르면 사람들이 다투는 데는 세 가지 주된 이유가 있다. 경쟁(희소한 재화의 소유를 위하여), 불신, 영광(인간은 강하다는 평판을 유지하기 위하여 적대적 태도를 취한다)이다. 홉스가 결론 내리기를 인간은 갈등을 일으키는 성향이 있기 때문에 법이 없는 자연 상태에서는 만인의 만인에 대한 투쟁의 상태에 빠지게 되며, 그러한 상태에서는 도덕도 존재할 수 없고 모든 사람은 영원한 두려움 속에 살게 된다. 물론 질서는 법의 여러 기능 중 고작 한 부분에 불과하다.

정의

법이 질서를 구현한다는 점에는 의문의 여지가 없지만, 법의 또다른 중요한 목적인 정의도 놓칠 수 없다. 20세기 영국의 법관 데닝(Denning) 경은 이렇게 말한다.

제 생각에 법에는 두 가지 위대한 목적이 있습니다. 질서를 유지하는 것, 정의를 실현하는 것입니다. 그리고 양자가 언제나 함께 가는 것은 아닙니다. 질서를 중시하는 교육을 받은 자는 확실성을 정의보다 우선시합니다. 반면 고충을 바로잡는 일에 경도된 교육을 받으면 정의를 확실성보다 우위에 놓습니다. 올바른 해결책은 둘 사이 어딘가에서 적절한 균형을 유지하는 것입니다.

정의의 추구는 어느 법체계에서나 중심에 위치해야 한다. 사람들은 오랜 역사에 걸쳐 법과 정의를 사실상 동일시해왔다. 이는 그리스 철학자의 저작에도, 성경에도, 동로마 황제 유스티니아누스가 편찬한 법전에도 나타난다. 그러나 정의라는 개념을 분석하여 명확하게 하려는 시도는 간단히 해결될 문제가 아니었다. 플라톤과 아리스토텔레스는 정의의 주요 특징을 밝히려고 노력하였다. 그중에서도 아리스토텔레스의 접근법이 정의에 관한 대부분 논의의 출발점으로 남아 있다. 그는 정의가 같은 것을 같게, 다른 것을 다르게, 다른 정도에 비례하여 대하는 것으로 이루어져 있다고 주장하였다.

정의에 내포된 평등은 산술적(개인의 정체성에 기반한다)이거나 비례적(동일한 비율을 유지하는 것에 기반한다)이라고 전제하면서, 아리스토텔레스는 전자를 교정적 내지 교환적 정의로, 후자를 분배적 정의로 구분한다. 전자는 범죄나 권리 침해를 바로잡기 위하여 법원이 행하는 정의이다. 이에 따르면 모든 인간은 동등하게 대우받아야 한다. 후자인 분배적 정의는 각자의 자격이나 공적에 따라 수여하는 것이다. 이것이야말로 아리스토텔레스의 견해에 따르면 입법자가 주로 활동해야 할 영역이다.

20세기 영국의 법학자 허버트 하트(H. L. A. Hart)는 그의 유명한 저작 『법의 개념』에서 아리스토텔레스의 정의관을 지지한다.

(정의는) 두 부분으로 구성된다. '같은 사건을 같게 대하라'라는 계율로 요약되는 보편적이고 불변적인 부분, 어느 사건이 같거나 다른지 필요할 때마다 결정할 수 있게 하는 가변적이고 가지각색인 부분이다.

하트에 따르면 현대사회에서 각 인간이 동등하게 대우받을 권리가 있다는 원칙은 매우 확고하게 자리를 잡았다. 이에 따라 인종차별을 옹호하는 주장은 주로 그 대상이 '완전한 인간'이 아니므로 차별이 정당하다는 기반 위에서 제기된다.

정의에 관한 이론 중 특히 영향력이 있는 것은 공리주의이다. 그리고 공리주의를 논함에는 저명한 영국 철학자이자 법 개혁자였던 제러미 벤담(Jeremy Bentham) 특유의 저술을 빼놓을 수 없다.

자연은 인류를 **고통**과 **쾌락**이라는 두 지배 군주의 통치 아래에 두었다. 오직 그들만이 우리가 무엇을 해야 하는지, 무엇을 할 것인지 결정한다. 그들이 앉은 왕좌 한편에는 옳고 그름에 관한 기준이, 다른 한편에는 원인과 결과의 사슬이 준비되어 있다. 공리의 원칙은 바로 이 복종을 인정하고, 이를 체계의 근본으로 삼으며, 이성과 법칙의 손에 움직이는 절묘한 행복의 기본 구조를 교육하는 것을 목적으로 한다. 이 결론에 의문을 표하는 체계는 지각 대신 인상을, 이성 대신 변덕을, 빛 대신 어둠을 취하려는 것이다.

이를 위하여 벤담은 특정 행동이 가져올 '행복의 정도(happiness factor)'를 측정하기 위한 '쾌락계산법'을 고안해냈다.

이외에도 정의의 의미를 규명하기 위한 다양한 접근 방법이 제시되며, 그중에는 홉스의 사회계약론과 공명하는 것도 있다. 존 롤즈(John Rawls)의 주요 저작들은 바로 그 현대판이라고 볼 수 있다. 롤즈는 공리주의를 거부하면서 공평의 관념으로서의 정의를 발전시켰다. 그는 누구도 자신이 어느 성, 계급, 종교, 사회적 지위에 속할지 모르는 이른바 무지의 장막이라는 가정 상태에 있으면서 모든 개인의 동의를 얻을 수 있는 객관적인 정의의 원칙들을 발견하고자 했다. 참여자들은 각 사회 계급이 어떤 처지에 있게 될지 상상해야만 한다. 누구도 그들이 영리한지 둔한지, 강한지 약한지 미리 알 수 없다. 누구도 자신이 어느 나라에서 어떤 시기를 살아가는지조차 알 수 없다. 과학과 심리학의 법칙에 관한 기초 지식만이 주어질 뿐이다. 바로 이 행복한 무지의 상태에서 사람들은 자신이 살아가게 될 사회의 조건을 결정할 일반 원칙들을 만장일치로 계약해야만 한다. 이러한 조건에서 사람들은 이성적인 사익에 따라 움직이게 된다. 각 개인은 스스로 구상한 좋은 삶의 모습이 어떠한 형태이건 계약을 이룰 가능성이 가장 높은 원칙들을 추구하게 되는 것이다.

정의는 법체계의 규칙들이 최대한 이성적이고, 보편적이고, 평등하며, 예측 가능하고, 확실할 때 성취될 수 있다. 위의 목표들은 결코 완전한 정도로 구현될 수는 없다. 이상일 뿐인 것이다. 예를 들어 법은 결코 완전히 확실할 수 없다. 종종 사건의 사실관계는 모호하여 발견하기 어렵다. 이와 유사하게 법 자체도 쉽게 확정하기 어렵다. 특히 많은 법규, 법원 판례, 조례와 내규 등등을 막 접한 법 문외한에게는 더욱 그렇다. 인터넷은 법을 찾는 일까지는 손쉽게 가능하도록 만들었지만, 점차 증가하는 법 자료의 홍수 앞에서 법의 의미를 이해하기란 여전히 어마어마한 도전이다. 영국의 법 격언인 "어려운 사건이 나쁜 법을 만든다"라는 표현은 한 가지 중요한 원칙을 강조한다. 법은 이례적인 사건에 대비해 모호하게 만드는 것보다 확실하게 만드는 편이 낫다는 것이다.

정의가 실현되려면 법이 단순히 존재하는 것으로는 부족하다. 정의가 성취되는 과정 또한 공평해야 한다. 이를 위해서는 첫째, 공정하고 독립적인 사법체계가 수반되어야 한다. (이에 대하여는 5장에서 다룬다.) 둘째, 숙련되고 독립적인 전문 법조인이 존재해야 한다. (역시 5장에서 다룬다.) 셋째, 절차적 정의는 정의로운 법체계를 구성하는 필수 요소이다. 여기에는 법률 조언에의 접근성, 법률 자문과 소송 대리, 공정한 재판의 보장, 그 밖의 여러 요소들이 반드시 필요하다. (4장에서 다룬다.)

정의로운 사회에서는 정의의 이상을 추구하려는 판사의 앞 길을 가로막는 장애물이 거의 없다. 영웅주의 또한 불필요하다. 그러나 법체계에 불의가 만연한 곳에서 판사가 맡는 역할은 훨씬 더 곤란한 형태가 된다. 나치 독일이나 남아프리카공화국의 아파르트헤이트 정권하에서 점잖고 도덕적이며 공정한 사람이 자신의 양심과 판사 업무를 어떻게 일치시킬 수 있을까? 물론 이러한 도덕적 진퇴양난은 부정의한 사회를 살아가는 평범한 사람들도 종종 마주하게 될 것이다. 그렇다면 판사가 사법공무원이라는 사실이 법체계에 참여하는 다른 사람들, 심지어 불의로부터 이익만을 취하는 사람과 판사를 구별할 이유가 되는가? 판사를 다른 사람들, 특히 변호사와 도덕적으로 달리 취급해야 할 설득력 있는 이유가 있는가? 고결한 판사는 할 수 있을 때에는 정의를 실현하려 하면서도, 주요 법영역에서는 그에게 자율적 권한이 없다고 변명할 것이다. 그러나 양심적인 변호사의 경우도 같은 위치에 있지 않은가? 변호사도 사법체계의 제한 내에서 좋은 일을 하려고 분투하며, 종종 커다란 개인적인 손실을 감수하지 않는가? 그들도 체계에 정당성을 부여하지 않는가? 이 도덕적 딜레마는 같지 않은 것인가?

이러한 문제에 적절한 답을 찾기는 쉽지 않다. 제도적으로 판사는 변호사와 다르다. 판사는 법을 시행하기 위하여 임명 또는 선출된 공인이다. 그의 법적 임무는 단순하다. 그러나 변호사는 정부의 공무원이 아니다. 오히려 의뢰인을 위해 활동해야 할 강한 직업적 의무가 있다. 물론 변호사도 법체계 안에서 활동해야 하지만 그들의 책무는 법을 이용하는 것이지 정의를 분배하는 것이 아니다. 변호사가 도덕적으로 용납할 수 없는 법을 마주하게 되더라도 부정의한 법체계 안에서 그가 맡은 역할은 판사보다 정당화하기 쉽다. 예를 들어 아파르트헤이트 시기의 남아프리카공화국 변호사들은 이러한 구별을 잘 인식하였다. 그래서 몇몇 유망한 고참 변호사들은 양심을 이유로 판사에 임명되기를 거부하고는 계속해서 변호사로 활동하였다. 그리고 많은 변호사는 문제를 외면하라는 강력한 유혹에도 불구하고 용기 있고 영웅적인 태도로 정의를 향한 투쟁에 참여했다.

물론 변호사가 사법 질서에 참여하는 것만으로도 그 체계에 정당성을 부여하는 것이라고 생각할 수도 있다. 이 또한 완전히 정당한 윤리적인 반응이다. 그렇다 하더라도 그가 처하게 되는 딜레마가 사법공무원과 동일한 의미를 갖게 되지는 않는다. 두 역할 사이에는 기능상 중대한 차이가 존재하기 때문이다. 구체적으로 보면 변호사는 판사와 달리 재판 과정에 배타적으로 복무하는 자가 아니다. 변호사의 업무 중에는 의뢰인의 권리에 관하여 조언하는 것이 상당 부분을 차지하며, 이는 반드시 소송을 전제하지도 않는다. (5장 참조) 의뢰인에게 사적으로 조언하는 경우와는 달리, 부정의한 체제의 법정에 출석하는 것은 법체계의 정당성을 가시적으로 승인하는 행태로 비칠 수 있다.

법은 일련의 기본 규칙을 정한다. 살인은 나쁘다. 절도도 나쁘다. 이를 비롯한 여러 형태의 반사회적 행위를 다루는 법규는 법에 의한 규제의 대표적이고도 눈에 띄는 사례들이다. 물론 현대적인 정부는 법적 강제 외에도 다른 수단으로써 시민들을 설득하고자 한다. 채찍 대신 당근을 주는 경우도 있다. 정부는 공익광고나 인터넷 웹사이트 등 여러 형태의 홍보를 통해 X행위를 피하고 Y행위를 하라고 권한다. 그러나 법이야말로 정부가 올바른 품행의 기준을 설정하는 가장 강력한 수단으로 남아 있다.

나아가 법은 불가피한 분쟁을 해결할 수 있도록 분쟁 해결의 틀을 확립한다. 법원은 갈등을 해소하고자 마련된 토론의 장이다. 거의 모든 법체계는 법원 또는 법원과 유사한 기관을 두고 분쟁을 공명정대하게 판결할 권한을 부여한다. 그리고 법원은 정해진 절차에 따라 법에 근거한 권위 있는 판결문을 발부한다.

법은 특정한 사회·경제적 생활방식을 가능하게 할뿐더러, 나아가 촉진하기도 한다. 법은 당사자들이 혼인, 근로, 매매 등 여러 계약관계를 맺을 수 있도록 규칙을 제공한다. 회사법, 상속법, 재산법 등은 우리가 사회생활을 꾸려나가기 위해 필요한 무수히 많은 행위를 영위할 수단을 제공한다.

법의 또다른 주요 기능은 사유재산 보호이다. 누가 무엇을 소유하는지 규칙을 분명히 하면 누구에게 가장 강력한 권리나 청구가 인정되는지 판명된다. 그렇게 함으로써 법은 개인의 독립성을 보호할 뿐 아니라 사람들로 하여금 더욱 생산적이고 창의적인 삶을 살도록 돕는다. 특허권이나 저작권에 관한 제도로써 새로운 발상이 지적재산권으로 보호될 수 있기 때문이다.

법은 공동체의 일반적 번영도 보호하고자 한다. 개인이 스스로를 방어하기 위해 고군분투하는 대신 법이 나서서 국방이나 국가 안보처럼 시민 또는 사기업의 능력 밖에 있는 공적 사업을 감독하고 조정한다.

법의 영역 중 최근 들어서 막대한 비중을 차지하게 된 측면은 바로 인권 보장이다. 예를 들어 많은 국가의 법은 권리장전(bill of rights)을 포함한다. 이로써 기본 인권에 대한 침해에 맞서 개인을 보호하고자 한다. 일부 국가에서는 권리장전에 헌법적 지위가 인정되기도 한다. 법률로만 인정되는 권리는 다른 입법에 따라 개정될 수 있어 보호의 정도가 상대적으로 낮기 때문에 권리장전을 헌법적으로 보장함으로써 법률 개정만으로는 간단히 변경할 수 없도록 한 것이다. 거의 모든 서양 국가는 헌법 또는 법률로 제정한 권리장전을 훌륭하게 갖추고 있다. (오스트레일리아는 대표적인 예외 국가이다.) 인권에 관하여는 6장에서 자세히 다룬다.

법원(法源)

법은 하늘에서 뚝 떨어진 것이 아니다. 공인된 '근원'으로부터 솟은 것이다. 이는 권위 있는 근원이 없다면 규칙이 법으로서 받아들여지지 않을 것이라는 관념을 반영한다. 그래서 변호사는 '권위'에 호소하게 된다. 법정에 선 변호사에게 재판관은 이렇게 질문할 것이다. "당신의 주장을 뒷받침하는 권위가 무엇입니까?" 이에 대하여 영미법계 변호사는 과거의 판례나 법령을 인용할 것이다. 대륙법계 변호사라면 예컨대 민법전의 근거 조문을 제시할 수도 있다. 어느 쪽이든 널리 인정된 법원의 입증이야말로 법적 논증을 진술하려고 할 때 결정적인 것이다.

이처럼 전통적인 의미의 법원뿐 아니라 법학자의 학술 논문 같은 저술을 권위 있는 법원으로 인정하는 경우도 드물지 않다. 어떤 법원은 엄밀하게 말하면 비법률적인 것인데도 법원으로 인정된다. 믿기 어렵겠지만 상식이나 도덕적 가치 등이 그렇다.

입법

현대 사법체계에서 전형적인 법원은 입법기관이 반포한 법률이다. 오늘날 입법부는 흔히 개혁, 진보, 생활의 발전 등의 명목을 들어 구법을 개정하거나 신법을 도입한다. 그러나 이러한 입법 활동은 최근에야 시작되었다. 20세기 들어서 정치인들은 지지자들에게 선거 공약 등으로 약속한 책무를 다하기 위하여 마치 멈추지 않는 생산 라인처럼 입법 활동에 나서고 있다. 그 결과 이제 대부분의 선진 사회에서 입법자들이 애써 할 수 있다, 없다고 정해놓은 영역을 벗어난 삶을 생각하기란 어려운 일이다.

법률은 결코 만병통치약이 아니다. 실제로 법률이 입안자의 의도와 정반대 결과만을 가져오는 경우도 드물지 않다. 뿐만 아니라 법률이 언어로 이루어진 이상 해석이 필요치 않을 정도로 명료하거나 엄밀하기는 극히 어렵다. 따라서 법률의 표현은 최종적이지 않다. 입법 의도와는 다른 해석도 가능하며, 특히 변호사가 개입하는 경우에는 더욱 취약하다. 그러므로 최종적으로 의미를 구성하는 것은 불가피하게도 판사의 손에 떨어진다. 그리고 판사가 법률에 해석을 내놓으면 이는 일반적으로 선례가 되어 미래에 이루어질 입법에 대한 해석의 지침이 된다.

판사가 입법자의 의도를 해독하는 것을 돕기 위하여 몇 가지 기술적인 '원칙'이 발전하였다. 고전적인 사례를 들어 법률을 해석하는 다양한 접근법을 알아보자. '차량'의 공원 진입을 금지하는 법률이 있다고 가정해보자. 자동차를 지칭함은 틀림없겠지만 자전거는 어떠한가? 스케이트보드는? 첫번째 해결책은 이른바 '문언적' 또는 '문리적' 접근법으로 일상의 언어생활에 부합하도록 해석하는 것이다. 그러므로 '차량'의 정의는 자동차나 트럭, 버스 이상으로 확장되지 않는다. 자전거나 스케이트보드는 일반적 의미의 차량이 아니기 때문이다. 그러나 일상적 의미로는 우스꽝스러운 결과를 가져오는 경우 문리해석만으로 해결하기는 어려우므로, 문제되는 단어나 구절에 부조리한 해석을 피할 수 있도록 다른 접근법을 찾아야 한다.

두번째 방법은 입법의 목적을 발견하고자 하는 것이다. 위에서 예로 든 법률의 목적은 공원을 조용하고 평온하게 이용할 수 있도록 보장하는 것이라고 결론 내릴 수 있다. 그렇다면 입법의 진정한 의도가 무엇인지 결정하기는 어렵지 않고, 이에 따라 소음이 많은 자동차와 조용한 자전거를 구별할 수 있게 된다. 이러한 접근법을 따르면 판사는 법체계의 보다 넓은 목적까지 고려할 수 있다. 목적을 어떻게 설정하느냐에 따라 해석이 달라지는 경우에 목적론적 해석은 문리적 해석보다 자유로운 접근을 가능하게 한다.

이러한 접근법은 여러 국가들에서 지배적으로 활용된다. 미국 법원은 관례처럼 법률의 입법 연혁을 면밀히 조사하여 표현의 모호함을 해결하고 의미를 확정한다. 캐나다나 오스트레일리아에서도 비슷한 접근법을 볼 수 있다. 영국에서 1972년 제정된 유럽공동체에 관한 법률은 영국이 유럽공동체법(EC law)을 도입하고자 입법하는 경우에 법원이 목적론적 접근법을 채택하도록 정하고 있다. 유럽공동체의 입법은 대륙법계의 조문을 초안으로 만들어지기 때문에 영미법계 법률에 비하여 적은 단어들을 사용하여 고도로 추상적인 표현을 사용한다. 따라서 목적론적 접근법을 자주 활용하는 수밖에 없으며, 법원은 넓은 사회·경제적 맥락도 함께 고려하게 된다. 유럽사법재판소(European Court of Justice)의 경우도 목적론적 해석을 선호한다.

법률을 이상적으로 해석하는 최상의 유일한 방법은 없다고 할 수 있다. 나아가 과연 규칙을 보편적으로 적용하는 것이 가능한지 회의적인 시각도 있다. 법률 해석에 관한 저명한 학자인 루퍼트 크로스(Rupert Cross) 교수도 자신의 옥스퍼드 제자들로부터 받은 의문을 희극적으로 그려낸다.

제 모든 제자는 제게 법 해석에는 세 가지 규칙이 있다고 동일하게 대답합니다. 문리규칙(literal rule), 황금규칙(golden rule. 유연하게 확장해 해석하는 방법), 목적해석규칙(mischief rule)이 있고, 법원은 개별 사건에서 이중 어떠한 규칙에 따라 해석하는 것이 정의에 부합하는지 판단하여 적용한다고 말입니다. 저는 이 점이 여전히 의심스럽습니다만, 더욱 당혹스러운 것은 제가 어떠한 방식으로 문제를 내든지 간에 제자들은 똑같이 대답한다는 점입니다. 심지어 '입법자의 의도'의 의미가 무엇인가, 해석을 위한 주된 외부 참고자료는 무엇인가를 물어도 돌아온 대답은 다음과 같았습니다. "해석의 방법에는 세 가지 규칙이 있다. 문리규칙…"

심지어 일부 회의주의자들은 이러한 해석 규칙이 완전히 다른 이유로 다다른 결론을 단지 정당화하는 역할을 할 뿐이라고 주장하기도 한다.

입법 과정에서 발생하는 또하나의 본질적 어려움은 입법자들이 미래를 예측할 수 없다는 점이다. 특정한 목적을 달성하고자 설계된 입법은 새로운 상황에 닥치면 실패할 수 있다. 이러한 상황은 특히 기술이 혁신적으로 발전하여 법제를 교란할 때 발생한다. 인터넷과 전자기술이 발전한 결과 저작권이나 포르노를 다루는 입법이 봉착한 다양한 문제점을 6장에서 검토한다.

코먼로(Common law)

'코먼로'라는 표현에 대하여 사람들은 일반적으로 '영미법' 만을 떠올린다. 그러나 코먼로가 특정 국가에서 입법으로 제정한 법률이 아닌 보통법을 가리킨다는 의미로 사용될 때에는 영국과 영국 식민지였던 영어권 국가들에만 특유한 것은 아니다. 프랑스, 이탈리아, 독일, 스페인을 포함한 유럽의 여러 법체계에서도 다양한 형태의 보통법이 존재했으며 여전히 지속되고 있다. 코먼로는 로마법계에 뿌리를 두고 있으면서도, 일방적으로 계수되는 대신 지역적 관습을 수용하면서 보편성을 획득했다. 그러나 영국에서 코먼로는 판사 중심으로 발달한 판례법을 가리키는 사법권적, 구제적 의미로 쓰인다. 유럽 대륙(독일, 프랑스)의 코먼로는 대부분 각국 법률의 형태로 변형(성문화)되기는 했으나 아직 완전히 사라지지는 않았다. 성문화의 증대와 선례구속의 원칙에도 불구하고 이들 비영미계의 코먼로는 초라한 관습법의 형태로 살아남았다. 그리고 여전히 여러 사법체계의 핏줄을 타고 부지런히 흐르고 있다.

영국의 코먼로나 이를 받아들인 여러 국가(영미법 국가)의 경우에 법원이 과거에 내린 판결(선례)은 매우 중요한 법원이 된다. 앞서도 언급하였지만 선례구속의 원칙은 과거 사건의 주요 사실과 이에 따른 판결 결과가 뒤이어 유사한 사건을 맡은 법원의 결정을 구속한다고 규정한다. 이러한 관념은 라틴어 법언 '결정된 것의 편에 서라(stare decisis)'는 원칙에 기반한 것이다. 이는 법의 안정성과 예측 가능성을 확보하는 동시에 비슷한 사건들을 가능한 한 비슷하게 취급하도록 보장하도록 고안된 원칙이다.

모든 영미법계 국가는 특유의 위계화된 법원이 있으며, 선례구속의 원칙에 따라 피라미드 상위에 위치한 상급 법원의 결정이 하급 법원을 구속한다. 다만 선례를 따를 때 하급 법원은 상급 법원의 판결문 중 논증 부분만을 채택하면 족한데, 이것이 이른바 '판결이유(ratio decidendi)'이다. 그 밖에 판사가 서술한 다른 내용들은 방론으로 한 말에 불과한 이른바 '부수적 의견(orbiter dicta)'일 뿐이므로 구속력이 없다. 예를 들어 판사는 판결문에서 사건의 주요 사실과 무관한 자신의 의견을 제시할 수 있다. 혹은 사건이 발생한 사회적 맥락에 대하여 자신의 지식을 늘어놓고 싶을 수도 있다. 어느 경우나 후속 사건의 판사는 이 말들에 구속될 필요 없이 설득력 있는 참고자료 정도로 취급하면 된다.

한 사건에서 판결이유를 포착해내는 일은 법과 사실이 뒤얽힌 덤불을 헤쳐나가는 고된 여정인 경우가 많다. 판결문은 길고 난해할 수 있다. 법원이 여러 명의 판사로 구성된 경우에 각 판사는 동일한 결론에 도달하는 각각의 논증을 하기도 한다. 판사들과 법학자들이 다양한 지침을 제시하고 있지만, 쉬

운 길은 없다. 판결문에서 구속력 있는 덩어리를 골라낼 수 있
는 단순한 공식은 존재하지 않는다. 연습과 경험이 필요하다.
인생처럼.

과거의 (때로는 너무 낡은) 결정이 현대에 발생한 사건을 결
정해야 한다는 생각은 가끔 조롱의 대상이 되기도 한다. 선례
구속의 원칙에 대한 비판 중 가장 유명한 것은 제러미 벤담이
독설로 지탄한 것이다.

선례가 더 옛것일수록, 말하자면 더 야만적이고, 더 경험이 부족
하며, 더 편견 가득한 사람들이 그런 사람들에 둘러싸여 살던 당
시의 것일수록, 과거의 상태와 현재의 상태가 같을 리 없다.

흔히 대륙법계의 경우에는 상급 법원의 결정이 하급 법원
의 판사를 구속한다는 의미의 선례구속의 원칙을 채택하지
않는다고 알려져 있다. 이는 잘못된 생각이다. 프랑스의 파기
원[Cour de Cassation. 프랑스의 최고법원]이나 독일 연방재판소
(Bundesgerichtshof)의 판결을 하급 법원이 따라야 하는 것은
영미법계 상소법원의 경우와 다르지 않다. 차이가 있다면 대
륙법 체계가 입법에 중요성을 부여하는 정도에서 기인한다.
예를 들어 프랑스 법원의 판결은 영미법계 판사들이 내린 판
결에 비해 일반적으로 상당히 짧은 편이다. 대륙법계의 판사

들은 자신의 업무를 제정된 법에 대한 해석으로 국한하기 때문이다. 영미법계 판사들이 판결문으로 제시하는 법 상태에 대한 전면적인 분석은 대륙법계에서는 주로 법학자들에게 남겨져 있다.

그 밖의 법원들

완벽한 세상이라면 법은 확실하고 구체적이며 이해하기 쉬운 모습일 것이다. 그러나 현실은 유토피아적 환상과 동떨어져 있다. 모든 국가에서 법은 사회적, 정치적, 도덕적 가치에 따라 변천하는 동적인 유기체이다. 우리는 특히 영향력 있는 윤리 이념에 관해서 앞서 살펴본 바 있다. 고대 그리스의 철학으로 출발해 로마가톨릭교회의 교리로 이어지고 있는 자연법사상이다. 앞서 언급한 대로 자연법사상은 자연 상태에 선험적으로 존재하는 법이 있으며, 인간은 이성을 가진 존재로서 이성 작용을 통해 자연법을 발견할 능력이 있다는 전제에서 출발한다. 예를 들어 낙태를 비도덕적이라고 평가하는 사람들은 낙태가 자연법상의 생명의 존엄성을 침해하는 것이라는 근거를 든다.

법, 법정 그리고 변호사는 때때로 인위적이고 밀폐된 어항 속에 외따로 존재하는 것처럼 그려진다. 그러나 법률가들도 현실 세계에 발을 걸치고 대중 여론을 의식한다. 실제로 법원은 극악무도한 범죄에 내린 판사의 관대한 결정이 언론에 오르내릴 때면 부적절할 정도로 민감하게 반응하기도 한다. 반대로 성난 대중 여론을 잠재우기 위해서 판사가 성급하고 무분별한 판결을 내리는 경우도 있다.

그 밖에도 법원이 학구적인 법률가를 좇아 법학 교과서나 학술지에 게재된 동료 법학자의 이론을 인용하는 일도 증가하고 있다. 논문이 판결문에 인용되는 일은 해당 저술이 많이 읽힐 뿐 아니라, 법을 실제로 해석하고 적용하는 판사들에게 상당한 설득력을 주었음을 인정받는 훈장이 된다.

법률적 논점에 직접적인 권위를 찾기 어려울 때 법원은 변호사가 '상식'에 근거해 제시한 논증을 받아들일 수도 있다. 여기에는 널리 인정되는 옳고 그름에 대한 생각, 일반화된 사회 관습, 형평의 관념, 법에 관한 인식, 그 밖의 일반 통념 등 사람들이 법적 절차와 무관하리라고 생각하는 것들도 포함된다. 한 저명한 미국 판사는 이런 말을 남기기도 했다.

법의 생애는 논리적이지 않습니다. 오히려 경험적이었지요. 그것이 공공연하든 무의식적이든 당시의 시대적 요구, 유행하던 정치·도덕 사상, 공공 정책의 방향, 심지어 판사가 동료와 공유하는 편견 같은 것들이 시민을 규율하는 법을 결정하는 데 삼단논

법보다 큰 비중을 차지합니다. 법은 여러 세기에 걸쳐 이루어진 한 국가 발전의 이야기를 담고 있으며, 공식과 정답만을 담고 있는 수학책처럼 여길 수 없습니다.

이러한 논평은 법과 법원이 평범한 사람들의 삶과 동떨어져 있다고 우려하는 사람들에게 다소 위안이 될 것이다.

제 2 장

법의 가지

법의 영역은 계속해서 많은 가지를 뻗어왔다. 사회생활의 양상이 변화함에 따라 필연적으로 뒤따르는 분쟁을 해결하기 위하여 법은 새로운 개념과 규칙을 고안하고 시대의 변화를 좇는다. 그리하여 법의 멋진 신세계는 새로운 주제를 부지런히 도입한다. 우주법, 스포츠법, 인터넷법, 미디어법 등등. 그러나 거의 모든 사법체계의 중심부에는 법의 뿌리를 상기시키는 근본 규율이 있다. 계약법, 불법행위법, 형법, 재산법이다. 여기에 중요한 규율 한 무더기를 추가하자면 헌법과 행정법, 가족법, 국제공법과 국제사법, 환경법, 회사법, 상거래법, 사회보장법, 경쟁법, 증거법, 상속법, 보험법, 노동법, 지적재산권법, 조세법, 보안법, 은행법, 해상법, 복지법, 미디어법, 인권법 등을 들 수 있다. 민·형사소송이나 (부동산 등기, 유서 작성 같은) 여러 실무 절차를 용이하게 하는 복잡한 절차법과 그 부속법도 발달하였다. 이 장에서는 법이라는 거대하고 무성한 나무에서 가장 중요한 가지들을 설명한다.

공법과 사법

공법(公法)과 사법(私法)은 본질적으로 구별되며, 특히 유럽을 비롯한 세계 각지의 대륙법계 국가에서 엄격히 구별한다. 정확히 어느 지점에 구별선을 그어야 할지는 여전히 논쟁이 분분하다. 대체로 공법은 시민과 국가 사이의 관계를 규율하고 사법은 사회 속의 개인 또는 집단 간 관계를 규율한다고 정리할 수 있다. 그러므로 헌법과 행정법이 전형적인 공법인 반면 계약법은 사법의 여러 갈래 중 하나이다. 형법은 국가권력에 의한 범죄자 소추를 주된 영역으로 하므로 역시 공법의 넓은 우산 안에 속한다. (이 세 가지 법 영역은 나중에 다시 검토한다.) 다만 국가가 점차 시민의 삶에 깊이 개입함에 따라 공법과 사법의 구별은 점차 흐릿해지고 있다.

계약법(Contract)

약속은 사회생활에 없어서는 안 될 요소이다. 당신은 친구와 술을 한잔하기로 혹은 친구에게 책을 빌리기로, 친구를 직장에 태워다주기로 약속을 잡을 수 있다. 그러나 약속을 지키지 않는다고 해도 법이 강제로 당신을 술집에 데려다놓거나, 친구의 책을 빼앗아 건네거나, 친구를 차에 태우지는 않는다. 이러한 호의관계는 이를 위반할 경우에 상당한 불편이나 곤경에 처할 수 있고 심지어 비용이 들 수도 있지만, 대부분의 사법체계에서 이는 계약이라 여기기에는 모자란다고 본다.

자유로운 사회의 특징 중 하나는 구성원들로 하여금 타인에게 해가 되지 않는 한도에서 얼마든지 원하는 대로 합의할 수 있도록 내버려두는 것이다. 계약의 자유도 공리주의의 관점에서 옹호된다. 시장에서 물건에 관하여 이루어진 계약을 내용대로 이행하도록 한다면 자원—상품과 서비스—은 가장 높은 가치를 부여한 자에게 판매될 것이고, 이로써 희소한 자원을 공정하게 분배할 수 있다는 것이다.

자유 시장을 옹호하는 자들은 개인이야말로 자신의 안녕에 대한 최고의 재판관이라고 본다. 19세기에, 특히 영국에서는 상공업의 양적 성장을 추구하는 과정에서 계약법이 발전하였다. 영국의 계약법은 (비록 어떤 이들은 신비화라고 생각할지도 모르겠지만) 최적의 교환관계를 만들어내는 조정자로서 매우 세련된 형태로 다듬어졌다. 계약에 관한 단순한 규칙만으로도 어느 정도의 거래는 가능할 것이다. 그러나 어느 사회에서나 당사자의 흥정 능력 사이에는 피할 수 없는 불평등이 있다. 시민 갑과 전력공급회사 을이 갑의 집에 전기를 공급하기로 계약을 체결한다고 하면, 이론적으로야 양측이 동등한 지위에 있는 계약 당사자가 될 것이다. 그러나 문제는 그렇게 간단하지 않다. 개인에 불과한 갑이 표준계약서에 기재된 합의 내용에 관하여 흥정하기란 몹시 어려운 일이다. 헤비급 선수가 헤비급 선수 한 무더기와 경기를 치르는 셈이다. 이럴 때 법은 종종 소비자법으로 계약의 '불공정한' 부분을 조정하고, 다른 제도적 장치로써 균형을 바로잡으려 한다. 예를 들어 법원은 부당한 조항의 효력을 배제하고 '공정한' 조항의 효력만을 인정하여 문제를 해결할 수 있다.

계약이 법적인 강제력을 가지려면 일반적으로 계약 당사자들이 계약에 법적으로 구속될 진지한 의사로 법률관계를 형성했다는 요건을 갖추어야 한다. 약속을 지키지 않으면 도덕적인 비난을 받겠지만, 법적 책임까지 부담하는 데에 이르려면 특정한 요건을 충족하는 약속이어야 한다. 물론 여러 대륙법 국가(프랑스, 독일, 네덜란드 등)에서는 계약 체결 과정에서 성실히 교섭하지 않는다면 비록 계약이 체결되기 전이라도 법적 책임을 지게 된다.

영미법에서는 개념적으로 일방 당사자가 청약을 하고 다른 쪽 당사자가 이를 승낙함으로써 합의에 이른다고 본다. '청약자'는 '청약의 상대방'이 이를 승낙하기만 하면 곧 계약에 구속될 준비가 되어 있다는 의사를 그에게 표시함으로써 청약을 한다. 표시는 말, 팩스, 이메일, 심지어 특정 행위로도 할 수 있다. 예를 들어 갑이 그의 자동차를 1000파운드에 팔겠다고 광고했다고 하자. 을이 그에게 600파운드를 제시한다. 갑은 700파운드라면 받아들이겠다고 답한다. 이는 새로운 청약이므로 을은 자유롭게 동의하거나 거절할 수 있다. 을이 이를 받아들인다면 합의가 있는 것이고, 다른 법률 요건이 충족된다면 구속력 있는 계약이 된다. 그러나 이와 같은 분석은 실제로 합의가 있었는지 여부를 판명하는 데는 유용한 방법이긴 하지만, 다소 인위적인 접근이다. 실제로는 누가 청약자이고 누가 청약의 상대방인지 구별하기 어려운 경우가 많다. 예를 들어 최종 합의는 장기간 동안 당사자가 서로에게 수차례 청약과 재청약을 거듭한 끝에 이루어진 협상의 결과물일 수 있다. 그 과정을 청약과 승낙으로 간단하게 묘사하는 것은 허구에 가깝다.

청약-승낙의 패러다임에 딱 들어맞지 않는 수백 가지 사건에서 이를 법리적으로 해결하려는 노력이 계속되어왔다. 청약자가 스스로 한 청약의 내용에 얼마나 구속되어야 하는지도 반복해서 나타나는 문제 중 하나이다. 영미법계에서 청약자는 상대방의 승낙이 있기 전까지 언제든 자신의 청약을 철회할 자유가 있다. 반면 독일, 스위스, 그리스, 오스트리아, 포르투갈의 법은 청약자도 청약에 구속된다고 규정한다. 아무런 부담 없이 청약을 철회할 수는 없다. 철회를 주장하더라도 이미 효력이 발생한 청약에는 법적 영향이 없는 것이다. 프랑스와 이탈리아 법은 절충한 입장을 취한다. 예를 들어 이탈리아 민법은 청약 당시에 정한 기간을 경과하기 전에는 청약을 철회할 수 없다고 한다. 만약 청약의 내용에 기간을 정하지 않았다면 승낙 전에도 철회할 수 있다. 그러나 청약의 상대방이 선의로 청약을 신뢰하였다면 상대방은 계약 체결을 준비하느라 지출한 재정 손실을 청약자에게 청구할 수 있다.

영미법에서 계약이 성립하기 위해서는 법적으로 구속되려는 진지한 의사 이외에도 이른바 '약인(約因, consideration)'이라는 것이 필요하다. 대륙법에는 이와 유사한 개념이 존재하지 않는다. 약인은 합의의 흥정 요소이다. 계약의 각 당사자는 합의로부터 무언가 대가성 있는 반대급부를 얻을 수 있어야 하고, 그렇지 않으면 계약이 성립하지 않는다. 전형적인 사례는 1892년 영국에서 있었던 '칼릴 대 카볼릭스모크볼 사' 사건이다. 카볼릭스모크볼 사는 자사의 스모크볼 상품에 독감을 예방하는 효능이 있다고 광고했다. 그리고 누구든 이 상품을 사용한 뒤에도 독감에 걸린다면 100파운드를 지급하겠다고 약속하였다. 광고에는 다음과 같은 내용이 적혀 있었다.

누구든 스모크볼을 상품에 적혀 있는 사용 방법에 따라 2주간 매일 3회씩 사용한 후에도 독감이나 감기, 감기로 인한 질병에 걸린 경우에는 카볼릭스모크볼 사가 100파운드를 보상해드립니다. 의심하는 분들에게 회사의 진정성을 보이기 위하여 리젠트 가의 알리앙스 은행에 미리 1000파운드를 예금해두었습니다.

칼릴 부인은 이 약속을 믿고 스모크볼을 사서는 지시 사항에 따라 사용하였다. 그럼에도 그녀는 독감에 걸리고 말았다. 회사측은 청약에 대한 칼릴 부인의 승낙이 없었으므로 강제력 있는 계약이 성립하지 않았다고 주장하였다. 칼릴 부인이 승낙 의사를 회사에 알리지 않았다는 것이다. 뿐만 아니라 약인도 없으므로 역시 계약이 성립하지 않았다고 주장하였다. 회사는 상품이 일단 팔리고 난 이상 구매자가 사용했다고 해서 어떠한 대가성 있는 이익도 얻지 못하였다는 것이다.

법원은 회사의 두 주장을 모두 기각했다. 먼저 이 광고는 광고를 본 뒤 그에 따라 행동하는 모든 사람을 승낙자로 보는 다자 간 계약의 청약으로 유효하다고 보았다. (일반적으로는 두 당사자가 약속을 교환함으로써 이루어지는 양자 간 계약이다.) 이

£100 REWARD

WAS RECENTLY OFFERED BY THE

CARBOLIC SMOKE BALL CO.

To any person who contracted Influenza, Coughs, Colds, Catarrh, Asthma, Bronchitis, Sore Throat, Hoarseness, Loss of Voice, Throat Deafness, Croup, Whooping Cough, or any Disease caused by taking Cold, after having used the Carbolic Smoke Ball according to the printed directions.

Many thousand Carbolic Smoke Balls were sold on these advertisements, but only three persons claimed the reward of £100, thus proving conclusively that this invaluable remedy will prevent and cure the above-mentioned diseases.

THE CARBOLIC SMOKE BALL CO., Ltd.,

NOW OFFER

£200 REWARD

to the person who purchases a Carbolic Smoke Ball and afterwards contracts any of the following diseases, viz.—

INFLUENZA	CATARRH	THROAT DEAFNESS	DIPHTHERIA
COUGHS	ASTHMA	LOSS OF VOICE	CROUP
COLD IN THE HEAD	BRONCHITIS	LARYNGITIS	WHOOPING COUGH
COLD ON THE CHEST	SORE THROAT	SNORING	NEURALGIA
	HOARSENESS	SORE EYES	HEADACHE

or any disease caused by taking cold while using the Carbolic Smoke Ball. This offer is made to those who have purchased a Carbolic Smoke Ball since Jan. 1, 1892, and is subject to conditions to be obtained on application, a duplicate of which must be signed and deposited with the Company in London by the applicant before commencing the treatment specified in the conditions. This offer will remain open only till March 31, 1893.

As all the diseases mentioned above arise from one cause, they can therefore be cured by the remedy which stops the cause, viz.—

THE CARBOLIC SMOKE BALL.

One CARBOLIC SMOKE BALL will last a family for several months, making it the cheapest remedy in the world at the price—10s. post free.

The CARBOLIC SMOKE BALL will be refilled and returned, post free, the same day, on receipt of Money or Postal Order for 6s.

ADDRESS:—

CARBOLIC SMOKE BALL CO., LTD.,
27, PRINCES STREET, HANOVER SQUARE, LONDON, W.

PARIS DEPOT—14, Rue de la Paix.   AMERICAN DEPOT—196, Broadway, New York.   CANADIAN DEPOT—71 & 73, Front Street, Toronto, Ontario.

4. 칼릴 부인은 제조사의 약속을 믿고 스모크볼을 구매해 사용했으나, 결국 독감에 걸리고 말았다.

사건에서 칼릴 부인은 광고에 내건 조건을 충족하였으므로
계약의 이행을 구할 자격이 인정되었다. 그녀가 스모크볼을
사용했다고 알리는 행위가 승낙의 한 부분을 이룬다고 본 것
이다. 뿐만 아니라 '회사의 진정성을 보이기 위하여' 1000파
운드를 은행에 예금한 것은 법적으로 구속될 진지한 의사로
쉽게 인정되었다. 마지막으로 약인과 관련해서 법원은 칼릴
부인의 행동 자체가 100파운드를 보상하겠다는 약속에 대한
약인이 된다고 판결했다. (그림 4 참조)

다른 예로 갑이 을에게 차를 판다고 생각해보자. 갑은 을로
부터 차의 대가를 받을 수 있고, 을은 갑으로부터 차의 소유권
을 넘겨받을 수 있다. 만약 갑이 을과의 합의를 무시하고 다른
사람 병에게 차를 판다면 을은 법에 따라 갑에게 손해배상을
구할 수 있다. 왜냐하면 을은 갑이 약속을 지키리라는 것에 의
지하였기 때문이다. 이를 계약 위반이라고 부르는데, 나중에
다시 검토할 것이다.

주요 법체계 사이에 계약을 바라보는 기본 관점에서 다소
차이가 있음은 부인할 수 없다. 일반적으로 영미법은 실용주
의적이고 상업적이라고 평가되는 반면, 대륙법은 윤리적 측
면을 조금 더 강조한다고 알려져 있다. 그럼에도 불구하고 두
법체계가 공통으로 받아들이는 일련의 보편적 원칙들을 찾는
것은 어렵지 않다.

일반적으로 **사회적** 관계에서 이루어진 합의는 구속력이 없다고 본다. 앞서 언급한 대로 근처 술집에서 만나서 한잔하기로 한 약속에는 법적으로 구속되려는 의사가 존재하지 않는다. 친구가 약속과 달리 술집에 나타나지 않았다 해도 당신이 술집에 가느라 지출한 비용을 배상해달라고 법원에 요구할 수는 없다. 또 앞서 살펴본 대로 영미법에서 계약의 이행을 구하려면 '약인'을 제공했어야 한다. 이러한 약인의 법리는 부조리하거나 정의롭지 못한 결과로 이어질 수도 있다. 영국의 유명한 사건으로, 선원 두 명이 배에서 무단이탈한 사안을 예로 들어보자. 선장은 무단 이탈자를 대체할 사람을 구할 수 없게 되자, 나머지 선원들에게 더 많은 돈을 주겠다고 약속했으나 이를 지키지 않았다. 이에 선원들이 추가 임금을 달라고 소송을 제기했으나 패소하였다. 법원은 선원들이 이미 기존 계약에 따라 선상에서 업무를 하고 있었음을 이유로 들었다. 즉 추가 임금을 지급하겠다는 선장의 약속에 대해서 선원들이 새롭게 제공한 '약인'이 없었다는 것이다. 이러한 종류의 부정의한 결론을 피하고자 미국 등의 법원은 다양한 기술적인 법리를 고안해냈다.

당사자는 계약을 체결할 능력이 있어야 한다. 세부적으로 차이는 있으나 모든 사법체계는 구성원 중 어느 범위에 있는 자까지 계약 관계에 들어설 능력이 있는지 통제한다. 특히 나이가 어린 사람(미성년자)이나 정신적, 지적 능력에 제약이 있는 사람은 일반적으로 스스로를 위하여 계약을 체결할 능력이 없다고 간주한다.

통념과 달리 계약은 일반적으로 문서로 작성될 필요가 없다. 특정한 계약(영미법에서는 토지 매매가 대표적인 예이다)을 제외하면 계약 체결에는 형식 요건이 없다. 구두 계약의 효력도 서면 계약과 전혀 다르지 않다. 영미법상 요구되는 대가성 있는 이익으로서 약인의 증거가 있다면 충분하다. 다만 소비자를 보호한다는 명목으로 정부의 가부장적 개입이 확대되면서 입법으로 특정한 계약의 형식(서면, 표준약관 등)을 요구하는 경우가 많아지고 있다.

어떤 계약들은 '사회 질서'를 해친다는 이유로 무효로 본다. 계약 자유의 원칙에도 불구하고 법은 법을 이용하여 부도덕하거나 불법인 목적을 달성하려는 계약은 용인하지 않는다. 그러한 계약은 법원이 무효라고 선언하여 폐기할 가능성이 높다. 그러나 사회 풍속은 자주 바뀐다. 한 세기 전에 비도덕적이라 보았던 행위가 오늘날의 관대해진 분위기에서는 허용되는 경우도 있다. 예를 들어 독일 법원은 한때 임대 부동산이 성매매 장소로 사용된 경우에는 임대 계약을 무효화하곤 했다.

착오, 사기, 강박에 따른 계약은 무효화될 수 있다. 사실상 진정한 합의가 없는 것이기 때문이다. 그러므로 특정한 요건하에서 법은 당사자에게 착오, 사기, 강박 또는 부당 위압으로 맺은 계약을 무효로 돌릴 수 있도록 한다. 예를 들어 갑이 계약의 목적물을 착오하였다면(갑은 페라리를 산다고 생각하였으나 상대방 을은 포드를 팔고 있었다), 또는 을이 포드를 페라리인 것처럼 속였다면, 또는 을이 갑에게 강제로 차를 팔았다면, 갑은 계약에 따른 의무를 이행하라는 을의 청구에 항변할 수 있다. 그리고 예컨대 을에게 사기적인 행위가 있었음을 증명한다면 갑은 계약을 무산시킬 수 있다.

법원은 계약 위반이 있을 때 손해를 배상하도록 명할 수 있다. 만약 갑이 스스로 체결한 계약에 따르는 자신의 의무를 이행하지 못했다면, 을은 그 손해를 배상하라고 갑을 상대로 소송을 제기할 수 있고, 일부 상황에서는 갑에게 의무를 이행하라고 강제할 수도 있다. 그러나 만약 갑이 이행이 불능(impossible)한 상황이 되었다거나 계약의 목적 달성이 좌절(frustrated)되었음을 증명한다면 갑은 계약 위반의 책임을 피할 수 있다.

갑이 을에게 일주일간 별장을 빌려주기로 계약했다고 가정하자. 그러나 을이 문 앞에 도착하자 갑은 태도를 바꾸어 을의 출입을 거부하였다. 갑이 계약을 위반하였으므로 을은 손해를 배상받고자 한다. 그런데 얼마를 받아야 하는가? 법은 을에게 갑과 계약을 체결하기 전의 상태를 회복해주어야 하는가, 계약 내용대로 이행되었을 때 을이 얻었을 상태를 만들어주어야 하는가? 아니면 그저 예약 확정을 위해 지불한 보증금만 갑이 을에게 되돌려주도록 하면 그만인가? 만약 갑이 을의 출입을 거부한 이유가 태풍으로 전기가 불안전해졌기 때문이라면 어떠한가? 태풍이 한 달 전에 있었는지 바로 어제 있었는지에 따라 결론은 달라지는가?

이 어려운 질문들은 모든 주요 사법체계에서 복잡한 법적 논의를 촉발했다. 해결책은 법체계마다 다양하고, 종종 눈에 띄게 차이 나는 경우도 있다. 대체로 한 당사자의 계약 위반이 그 사람의 통제로부터 완전히 벗어난 원인(대표적으로 자연재해)으로 발생한 경우에는 계약상 의무를 부담하지 않는다고 본다.

불법행위법(Tort)

불법행위는 민사상의 권리침해이다. 불법행위에는 신체, 재산, 명예, 사생활, 심지어 마음의 평안에 대한 침해가 포함된다. 계약법과 마찬가지로 불법행위법도 피해자(또는 원고)에게 손해에 대한 배상을 구할 권리를 부여한다. 그러나 약속의 이행이 주된 목표인 계약법과 달리 불법행위법은 방대한 영역에서 다양한 이익을 보호한다. 고의 또는 과실로 해를 가한 행위에 대해서 사전에든 사후에든 구제책을 제공하는 것이다. 특히 현대 불법행위법에서는 과실로 일어난 행위가 초점이 된다. 사고는 어디에서나 발생하기 마련이지만, 그 사고가 누군가의 과실로 발생한 것이라면 피해자는 손실을 만회할 손해배상을 구할 수 있다. 예를 들어 을이 운전하던 차에 갑이 치였다고 생각해보자. 갑은 을이 부주의하게 운전했음을 증명한다면, 병원 치료비를 비롯하여 직장에 출근하지 못하여 발생한 손실이나 정신적 고통 등을 배상받을 수 있을 것이다.

좀더 자세히 살펴보자. 일반적으로 원고는 가해자의 불법행위가 고의 또는 과실로 이루어졌음을 증명해야 한다. 대부분의 불법행위는 행위의 결과로 실제 손해가 발생해야 소송을 제기할 수 있다. 다만 주된 목표가 손실을 보전하는 것이 아니라 권리를 보호하는 데 있는 일부 불법행위는 손해의 발생을 증명하지 않아도 된다. (영미법상 무단침입이 여기에 해당한다.) 피고(불법행위자)는 일반적으로 해당 행위에 책임 있는 자일 것이나, 이른바 대리책임의 법리에 따라 특정한 사람(예컨대 사용자)이 다른 사람(예컨대 피고용자)의 불법행위에 책임을 지게 되는 경우도 있다.

불법행위이면서 계약 위반에 해당하는 경우도 있다. 예를 들어 버스 운전기사의 부주의로 승객이 손해를 입었다면 기사는 과실에 의한 불법행위의 책임과 동시에 승객을 목적지까지 안전하게 운송해야 할 계약상의 책임도 진다. 승객들은 불법행위법으로나 계약법으로나, 혹은 둘 모두에 따라 피해를 보전받을 수 있다. 기사는 (예컨대 난폭 운전 등으로) 형법상 책임을 질 수도 있다.

법으로 재산상 이익이나 신체의 안전을 보호하는 것은 이성적으로 납득하기 쉽다. 그러나 물질적인(physical) 피해가 아니라 순전히 경제적인(purely economic) 손실 혹은 정신적인 피해의 경우를 어떻게 해결할 것인지는 더 논쟁적이다. 〔전자를 직접적 손해, 후자를 간접적 손해로 이해할 수 있다. 참고로 우리 민법은 이를 대체로 통상손해와 특별손해로 구별한다.〕 영국에서 발생한 사건을 예로 들어보자. 피고는 원고의 공장 근처에서 공사를 진행하다가 과실로 전신주를 파손하였다. 그 결과 원고는 공장의 제품이 심하게 파손되고 공장 운영이 중단되는 재정 손실을 입었다. 그런데 물질적 손해(상품 파손)는 분명 회복을 구할 수 있겠지만 전신주는 원고 소유가 아니므로 나머지 손해는 '순전히 경제적인 것'이었다. 원고는 이 손실을 전보(recoup)할 수 있을까? 영국 법원은 우여곡절 끝에 부정적으로 판단하였다. 아마도 영국의 판사들은 경제 손실에 손해배상을 인정한다면 관련 소송이 홍수처럼 쏟아질 거라고 우려했던 것 같다. 반면 프랑스에서는 물질적 손실과 경제적 손실 사이에 아무런 구별이 없다.

　정신적 고통을 인정하는 문제에도 이와 유사한 법적 난점이 있다. 물질적 피해의 결과로 정신적 고통이 발생한 경우에 법원은 원고와 가해자 사이에 '근접성'의 정도를 고려한다. 그러나 계산법은 매우 복잡하다. 1992년 영국 대법원에서 판결한 비극적 사건으로 잘 알 수 있다. 운동경기장이 무너지면서 관중 92명이 죽고 400여 명이 부상을 입은 사건이다. 경찰은 이미 관중석이 만원임에도 많은 관중을 입장시킨 과실이 있음을 인정했다. 이 경기는 텔레비전으로 생중계되었던 터라 대참사의 생생한 영상이 방송을 탔다. 이 충격적인 장면은 자신의 친구나 가족이 경기장에 있다는 사실을 알고 있는 사람들에게도 고스란히 전달되었다. 원고 중 두 명은 경기장에서 참사가 일어난 관중석의 반대편에 있던 관중이었고, 나머지 원고들은 라디오나 텔레비전 중계로 참사를 접했다. 모두 가족이나 친구를 이 재앙에서 잃었거나, 잃었을까 하는 걱정으로 충격을 받은 사람들이었다. 그러나 정신적 고통에 대한 손해배상을 구한 원고들의 청구는 모두 기각되었다. 사고로부터 직접 피해를 입은 자가 아니라 이를 목격하거나 들음으로써 정신적 고통을 입었다고 주장하는 자에 대하여는 영국 법원이 다음과 같은 법적 통제방법을 충족해야 한다고 요구하였기 때문이다.

1. 원고와 피해자 사이에는 매우 친밀한 경애의 감정이 존재했어야 한다.

2. 원고는 사고 현장에 직접 있었거나 즉후의 혼란 속에 있었어야 한다.

3. 정신적 고통은 사고 또는 즉후의 혼란에 대한 직접적인 지각으로부터 발생하였어야 하며, 다른 이로부터 전해 들어 발생한 경우는 포함되지 않는다.

이 '근접성'의 요건은 그 밖의 여러 요건과 더불어 상당한 비판을 받았다. 결국 몇몇 국가에서는 법을 개정하기도 했다. 이와 비슷한 문제는 정신적 고통이 정신의학적으로 인정될 정도까지는 미치지 못하는 경우에도 제기된다. 가까운 친지가 사망하거나 다쳤을 때 일반적으로 느끼는 정도의 슬픔과 괴로움에 대해서 어느 정도까지 손해배상을 구할 수 있느냐는 것이다.

불법행위법은 피해자를 구제하고자 할 뿐만 아니라, 타인을 해할 수 있는 행위를 억제하는 역할도 한다. 부주의한 행위로 발생한 손해를 '이전' 또는 '분배'하기도 한다. 간단히 말하자면 을이 입은 손해에 갑의 잘못이 있는 경우에 법은 손해를 갑에게로 이전한다. 갑의 부주의 탓에 발생한 손해를 을이 부담해야 할 이유가 어디 있겠는가? 그러나 이렇게 간단한 질문이 과실의 개념에 관하여 '부주의'란 무엇인가, '인과관계'란 무엇인가 같은 무수히 많은 난제를 불러온다. 한편 보험이 일반화된 현대사회에서 과실은 책임의 문제에서 부담의 문제로 초점이 옮겨졌다. '누구의 책임인가'를 묻는 대신 '누가 비용을 감당할 수 있는가'가 질문이 되는 것이다. 그리고 해답은 보험회사이다. 일반적으로 책임보험 의무가입 정책에 따라 보험가입이 강제되기 때문이다.

영미법계에서 불법행위법은 다종다양한 권리침해의 보고(cornucopia)이다. 여기에는 토지 무단 침입, 폭행이나 구타, 소란 행위, 명예훼손, 법정의무 위반 등이 포함된다. 그러나 실제로는 과실 책임의 원리에 따라 제한적으로만 인정된다. 원고는 피고가 **주의 의무**(duty of care)를 부담하고, '합리적인 평균인'의 주의 의무를 위반하였으며, 그럼으로써 원고에게 인과관계 있는 손실이나 피해를 입혔다는 점을 증명하여야 한다.

이 세 가지 요소는 각각 상세한 설명이 필요하다. 먼저 주의 의무에 관하여는 영미법 역사상 가장 유명한 판례에 생생하게 담겨 있다. 기념비적인 '도노휴 대 스티븐슨' 판결은 도노휴 부인이 자신이 마시려던 맥주병에서 달팽이가 나왔다고 항의한 간단한 사건이었다. 그러나 판결은 훨씬 더 거창해졌다.

사건의 정확한 사실관계는 알려지지 않았지만, 도노휴 부인은 친구와 스코틀랜드 페이즐리 마을의 어느 카페를 방문했

던 것으로 보인다. (그림5 참조) 부인의 친구가 음료를 주문했
다. 카페 주인은 진저맥주를 한 병 따서는 아이스크림이 든 잔
에 따랐다. 도노휴 부인은 음료를 조금 마셨고 친구가 병을 들
어 나머지를 잔에 따랐다. 주장에 따르면 이때 병에서 음료와
함께 나온 부패한 달팽이가 잔에 떠올랐다. 도노휴 부인은 복
통을 호소했고, 위장염에 걸렸다는 의사의 진단을 받았다. 도
노휴 부인은 이 사건으로 정신적 고통에 시달렸다고 주장했
다. 당시의 법에 따르면 도노휴 부인은 카페 주인을 상대로 소
송을 제기할 수는 없었다. 대신 법원은 부인이 맥주 제조업자
인 스티븐슨을 상대로 주의 의무 위반을 주장할 수 있다고 보
았다. '네 이웃을 사랑하라'는 성경의 계명에 의지하여 대법관
앳킨(Atkin) 경은 이렇게 판시하였다.

네 이웃을 사랑하라는 법은 네 이웃을 해치지 말라는 의미가 된
다. 누가 나의 이웃인가? 이 질문에 대한 법률가의 대답은 한정
적이다. 당신은 합리적으로 예상할 수 있는 범위에서 당신의 이
웃에게 해를 가할 수 있는 행위를 피하도록 사리에 맞게 주의해
야 한다. 그렇다면 법적으로 누가 나의 이웃인가? 대답은 다음
과 같을 것이다. 나의 행위로부터 근접하게 또는 직접적으로 영
향을 받기 때문에 내가 하려는 그 행위를 주의를 기울여 행하려
할 때 응당 합리적으로 염두에 둬야 할 사람.

5. 맥주에서 달팽이가 나왔다는 도노휴 부인의 주장은 제조자의 주의 의무에 관한 새
   로운 법적 책임을 만들어냈다.

달리 말하면, 그 행위로부터 해를 입을 수 있다고 예상 가능한 사람에게 주의 의무를 부담한다는 것이다. 따라서 주의의 기준은 **객관적**이다. 합리적인 사람을 기준으로 주의 의무를 다하였는지를 판단해야 한다. 예를 들어 영국 법원은 운전 연수생의 주의 의무를 판단하는 기준은 다른 차량 운전자와 동일하다고 인정했다.

마지막으로 피고의 행위와 원고의 손해 사이에 실질적인 인과관계가 있어야 한다. 인과관계의 의미에 관하여 많은 영미법 판사가 고심해왔다. 흔히 제시되는 '피해와의 원격성'이나 '근인(近因)' 개념은 지나치게 모호하여 그저 법원이 정책적 판단에 따라 공평하거나 공익 차원에서 바람직하다고 생각하는 바를 의미하게 된다.

합리적 평균인이란 피고의 행위를 판단하는 기준이 되는 가상의 인물로서, 흔히 '클래펌 버스의 사람〔the man of the Clapham omnibus. 런던의 평범한 교외인 클래펌을 오가는 통근버스 안의 사람을 가리키는 말로 필부필부와 유사한 표현〕'이라고 묘사된다. (글6 참조) 비록 나의 수강생들은 이를 잘못 알아듣고 시험지에 '낡아빠진 버스(clapped-out omnibus)의 사람'이라고 적곤 하지만! (판례를 직접 읽기보다 나의 구두 강의를 신뢰한 과실이 인정된다.)

> ### 글6 합리적 평균인
>
> 그에게는 인간적 흠이 전혀 없다. 단 하나의 오점도 없고, 자기
> 자신의 안전만큼이나 타인의 안전을 배려하며, 편견이나 게으
> 름, 심통, 탐욕, 무지로부터 자유롭다. 이토록 훌륭하고도 끔찍
> 한 인물이 우리의 법정에 기념비적으로 우뚝 서서는, 그를 본받
> 아 삶을 정돈하라는 헛된 호소를 동료 시민들에게 건네고 있다.
>
> 허버트 경(Sir A. P. Herbert), 『비(非)보통법Uncommon Law』

유사한 사례는 미국의 유명한 '맥퍼슨 대 뷰익 자동차' 판
결에서도 볼 수 있다. 이 사건을 맡은 카르도조 판사는 자동차
제조업자가 하자가 있는 차를 제조하여 이를 딜러로부터 구
매한 사람에게 피해를 입힌 경우에, 제조업자와 구매자 사이
에는 아무런 계약이 없음에도 불구하고 제조업자에게 책임이
있다고 보았다.

불법행위의 책임을 물으려는 원고는 피고의 행위가 원고가
입은 손해를 실질적으로 **초래했음을** 증명하여야 한다. 그러나
행위와 결과 사이의 관계가 지나치게 먼 경우가 많다. 이 문제
를 해결하기란 의외로 복잡하고 어렵기 때문에 영국을 중심
으로 무수히 많은 판례가 제시되었다. 예를 들어 피고가 그의
과실로 발생할 가능성이 있는 **특정한** 피해를 모두 예상했어야
하는지는 애매한 문제이다. 피해가 확대된 경우나 이례적인

형태로 발생한 경우에도 피고가 책임을 져야 하는지도 분명하지 않다. 전체적으로 법원은 다루기 힘든 사건들은 개별 사건마다 정책적인 판단을 하는 것으로 보인다.

피고의 과실로 손해가 발생했다는 원고의 주장에 피고가 대항할 수 있는 몇 가지 방어 방법이 있다. 예를 들어 만취한 이가 운전하는 차에 원고가 자발적으로 동승하였다는 사정처럼 원고가 자진하여 위험을 감수하였다고 주장할 수 있다. 피고는 또한 운전자가 심하게 술에 취한 점을 알아차리지 못한 과실이 원고에게도 있어서 손해의 발생에 기여했다고 주장할 수 있을 것이다.

그러나 특정한 상황에서는 가해자에게 귀책사유가 있는지를 불문하고 책임을 져야 할 수도 있다. 이를 '엄격책임(무과실책임)'이라고 부른다. 공중보건이나 공공 안전을 보호해야 할 필요성 때문에 책임주의를 변경한 것이다. 특히 폭발물 사용 등 피고가 본질적으로 위험한 행위를 한 경우에 적용된다. 이때의 책임은 거대 기업이 위험이 잠재된 행위를 함으로써 얻는 이윤의 대가로 지불하는 비용이라고 이해되기도 한다.

프랑스 민법은 이 점에서 상당히 전면적이다. '자신의 통제 하에 있는 사물'에 엄격책임을 부여한다. 여기서 말하는 '사물'은 가스, 유체, 전선, 방사성 물질 등을 막론하고 실체를 가진 물질이다. 물론 자동차도 사물에 포함된다. 이탈리아 민법은 차량 운전자에게 엄격책임을 적용하며, 운전자는 사고를 피하기 위해 가능한 모든 행위를 다하지 않은 이상 언제나 책임을 진다. 독일 민법은 차량 운전으로 신체 손상이나 재산상 손해를 입힌 자에게 엄격책임을 부여한다. 철도나 가스, 전기 회사에 대하여도 마찬가지이다.

이와 비교할 때 영미법계는 엄격책임이라는 개념에 좀더 소극적이다. 다만 이른바 '라일랜즈 대 플레처' 판결에서는 피고가 자신의 토지에 위험원을 가져왔다면, 위험원에서 '누출'되어 발생한 손해에 엄격책임을 진다고 하였다. 이 법리는 화재, 가스, 물, 화학약품, 연기, 전기, 폭발물 등 다른 위험에도 적용되었다. 엄격책임은 동물에 의하여 발생한 피해에도 적용될 수 있다. 고용인(사용자)도 노동자(피용자)의 근로중에 발생한 행위에 엄격책임을 질 수 있다. (영미법상 '대리책임')

제조업자의 과실을 증명하기 어렵다는 점 때문에 이른바 '제조물 책임'이라는 새로운 형태의 엄격책임이 상당히 발전했다. 이 법리는 특히 미국에서 발달하여 전 세계로 확산되었다. 자동차를 구매하려는 소비자는 그가 사려는 차에 결함이 있는지 여부를 사전에 조사하기가 매우 어렵다. 그러므로 법은 피고(제조업자)가 상품을 유통하기 전에 상품에 결함이 있었다면 원고(소비자)는 피고의 과실을 증명할 필요가 없다고 규정한다.

최근 미국을 중심으로 발전한 또다른 법리는 바로 '집단피해 불법행위(mass torts)'이다. 하나의 상품과 관련하여 다수의 원고가 소송('집단소송')을 제기하는 형태이다. 대표적으로 담배회사에 흡연으로 인한 폐암의 책임을 추궁하거나 의료회사에 인공보형물로 인한 부작용의 책임을 추궁하는 경우가 있다. 넓게 보아 비행기 추락 사고나 화학공장 폭발 사고 같은 '인공적' 사고에 대한 소송도 여기에 포함될 수 있다.

한편 책임주의 원칙에 따라 사람들이 부담하는 비용, 시간 지체, 불편이 증가하면서 손해배상 중심의 불법행위법 체계 자체에 불만도 제기되고 있다. 기존 제도에 비판이 광범위해지고 만연해진 나머지, 불법행위법을 옹호하려는 사람들에게는 냉소만이 돌아올 정도이다. 사회에서 불법행위법으로 이익을 보는 자들은 오직 변호사들뿐이라는 것이다. 뉴질랜드와 퀘벡을 포함한 몇몇 법체계에서는 사고로 입은 개인적 피해에 불법행위법의 적용을 배제하는 포괄적인 무과실 보험제도가 도입되었다. 이 제도에 따르면 사고 피해자는 보험 목적으로 조성된 특별기금에서 보상을 받게 된다. 물론 회의적인 사람들은 새 제도가 과실 기반의 법체계에 비하여 불법행위를 억제하는 효과가 적을 것이라고 우려한다. 그럼에도 특히 교통사고와 관련해서 강제적 책임보험제도가 불법행위법 과잉의 종말을 가져오리라는 점에는 일반적으로 동의한다.

　법은 과실에 의한 부주의 이외에 일련의 고의적인 부정도 규율한다. 민사적 명예훼손도 그중 하나이다. 영미법상 명예 훼손의 전통적인 (기술적이기도 한) 정의는 다음과 같다. '원고에 관하여, 공동체의 올바른 사고방식을 가진 구성원들이 그에 대한 평가를 낮추거나, 그를 꺼리고 회피하게 하거나, 그를 혐오·조롱·경멸하게 만들거나, 그의 사업 또는 직업상의 신뢰를 깎는 허위의 진술을 표명하는 행위.'

　위의 요건을 충족하는지는 객관적으로 판단한다. 피고가 원고의 명예를 훼손할 의도가 없었다는 사실은 고려 사항이 아니다. 악의 없는 진술이어서 명예를 훼손하는 결과가 생길 줄 몰랐다거나 그 진술을 읽은 사람 중에 실제로 믿은 사람이 없었더라도 상관이 없다. 피고는 그가 의도하거나 허용한 경우에는 재표명된 명예훼손에도 책임을 부담하지만, 허가되지 않은 재표명의 경우에는 재표명자에게 재표명 의무가 있는 경우가 아닌 한 피고에게 책임이 없다. 예컨대 책을 출판하려면 일반적으로 여러 차례의 표명 행위가 개입된다. 작가와 출판인이 함께 인쇄업자에게, 작가와 출판인과 인쇄업자가 함께 유통업자에게, 같은 방식으로 표명이 계속해서 이어진다. 원칙적으로는 각각의 재표명이 새로운 표명 행위가 되므로 새로운 소송의 대상이 될 것이다. 그러나 법은 단순한 전달자에 불과한 이들과 출판물의 생산에 개입한 이들을 구별한다. 인터넷을 통한 명예훼손에서도 이와 유사한 문제가 발생한다.

명예훼손 소송에는 네 가지 주요 방어 방법이 존재한다. 첫째는 〔정당한 이유(justification) 또는 진실(truth)의〕 항변이다. 영미법은 언론의 자유의 중요성을 감안하여 피고가 표명한 진술의 주요 부분이 진실한 경우에는 책임이 없다고 본다. 둘째는 절대 특권(absolute privilege)의 항변으로 입법, 사법, 그밖의 공적 절차에서 이루어진 진술은 명예훼손으로부터 보호를 받는다. 셋째, 제한 특권(qualified privilege)은 특정한 상황에서 피고에게 해당 진술을 할 법적·사회적·도덕적 의무가 있고, 표명의 상대방이 이와 관련된 이익이나 의무를 갖는 경우에 인정된다. 예를 들어 표명자와 상대방이 표명된 내용과 관련하여 공통된 이익을 갖는 경우가 해당한다. 이 항변은 입법, 사법 절차에서 이루어진 공정하고 정확한 발표에까지 확대된다. 넷째는 공정한 논평(fair comment)의 항변으로 실무상 가장 중요하다. 이 항변은 공공의 이익에 관한 사안에 논평의 자유를 보장한다. 언론의 자유라는 가치와 특히 관련이 깊기 때문에 법원이 인정하는 것이다. 다만 논평은 반드시 공공의 이익에 관한 것이어야 한다.

공공의 이익에 관한 사안에는 공직이나 공적 신임의 지위에 있는 사람의 공무, 사법 집행, 국가·정치적 사안, 공공기관의 운영, 예술 작품, 공연, 그 밖에 일반 공중의 관심을 끄는 사안이 포함된다고 본다. 그러나 이때의 진술은 사실에 관한 것이 아니라 의견이어야 한다. 사실과 의견의 구별은 이론상 쉬워 보이나 실제로는 어렵다. 또 의견은 '공정'해야 하는데, 이는 사실에 기반하고 뒷받침되었음을 의미한다. 즉 논평의 근거가 될 만한 사실적 기초가 있어야 한다. 그리고 기초가 된 사실은 진실이어야 한다. 그러므로 만약 피고가 공공의 이익과 관련된 진실한 사실에 대하여 자신의 순수한 의견만을 표현한 것이라면, 합리적인 평균인이 지닐 만한 (올바른) 의견이 아니라 하더라도 명예훼손으로 볼 수 없다.

원고는 이러한 방어 방법에 대하여 피고가 악의를 바탕으로 행동하였다고 증명하여 이를 배척할 수 있다. 악의를 증명할 책임은 원고가 진다. 악의는 제한 특권의 항변도 깰 수 있다. 공정한 논평과 관련해서 악의는 피고가 부적절한 동기로 논평을 했다고 볼 만한 단서가 된다. 그의 논평은 순수한 의견의 표현이 아니게 되는 것이다. 일반화하자면 '피고가 진술을 진실하다고 믿었는가?'가 통상의 기준이 된다.

명예훼손이 될 만한 자료를 온라인상에 게시하는 행위는 책임과 방어 방법 모두에서 수많은 의문점을 불러일으킨다. 영국에서 최근 제정된 명예훼손법(Defamation Act)은 웹사이트에 올라온 게시물과 관련하여 사이트의 운영자에게 적용할 특칙을 두고 있다. 일차적으로 운영자인 피고는 문제가 되는 게시물을 피고가 올린 것이 아님을 입증하면 책임이 없다. 그러나 원고로서는 게시물의 작성자를 확인하는 것이 불가능하며, 원고가 운영자에게 게시물에 관하여 항의하였고, 운영자가 항의 통지에 응답하지 못했음을 증명하여 피고의 항변을 깰 수 있다.

이외의 사법체계에서는 다른 접근 방법을 취하기도 한다. 예를 들어 미국에서는 수정헌법 제1조가 언론의 자유를 헌법으로 보장하기 때문에 상대적으로 원고에게 동정적이지 않다. 따라서 공직자가 명예훼손으로 소송을 제기하여 이기기란 불가능에 가깝다. 1964년에 있었던 유명한 대법원 판례인 '뉴욕 타임스 대 설리번' 사건 판결은 공직자의 공무집행에 관하여 이루어진 표현은 '실질적인 악의(actual malice)'에 의한 것이 아닌 한, 공직자가 명예훼손을 이유로 손해배상을 구할 수 없다고 하였다. 실질적 악의의 기준은 피고가 그 사실이 허위임을 알았거나, 진실인지 아닌지 여부를 알 수 없었음에도 이를 무시한 경우에 충족된다. 예를 들어 사실이 진실한지 의심이 있었으면서도 이를 사전에 확인하려는 노력 없이 보도해버린 경우가 실질적인 악의에 해당한다.

대륙법 체계에서는 명예훼손을 별개의 불법행위로 분류하기보다는 명예를 인격권의 한 부분으로 보는 방향으로 보호한다. 여러 측면에서 독일, 프랑스, 그 밖의 유럽 국가들은 영미법계 국가들보다 엄중한 태도를 취한다. 예컨대 상당수 국가에서는 공정한 논평이나 정당한 이유라는 항변은 존재하지 않는다. 다만 표현의 자유를 보호하는 유럽인권보호조약 제10조에 의하여 엄격함이 다소 완화되었다. 대부분의 유럽 국가들은 '모욕'으로부터도 원고를 보호하는데, 잠재적 규율 대상이 지나치게 넓다는 이유로 유럽인권재판소로부터 비판을 받고 있다. 한편 손해에 대한 영미법계 법원의 배상액은 높은 편이고 때때로 지나칠 정도이나, 대륙법계 법원들이 부과하는 배상금은 상대적으로 소박하다.

형사법

범죄의 유혹은 거부하기 어렵다. 범죄자에게만 그런 것은 아니다. 범죄는 그야말로 대중문화의 산실이다. 「대부」, 「택시 드라이버」, 「펄프픽션」, 「스카페이스」, 「저수지의 개들」 등 수 없이 많은 영화와 「브레이킹배드」, 「더 와이어」, 「로 앤드 오더」, 「뉴욕경찰 24시」, 「힐스트리트 블루스」, 「소프라노스」, 「고모라」 같은 텔레비전 시리즈에서 범죄와 수사, 기소의 다양한 측면을 다루는 모습을 생각해보라. 우리는 범죄자들이 형사 사법제도를 회피하거나 이에 맞서는 모습을 시청하는 일에 심취한 듯이 보인다.

당연하게도 일반적으로 형사법은 살인, 절도, 강간, 협박, 강도, 상해, 폭행 같은 중대한 반사회적 행위를 처벌한다. 나아가 국가는 특히 보건과 안전에 관련된 경우에는 가벼운 부정행위도 불법으로 처벌한다. 이러한 '규제적 형벌'은 현대 형사법에서 상당한 비중을 차지한다. 불법행위법에서와 마찬가지로 책임주의 원칙은 형사법의 중심에 있다. 일반론적으로 말하자면 거의 모든 국가는 위험을 일으키거나, 위법하거나, 정부·경제·사회 일반의 효율적인 운용을 침해하는 행위를 금지한다.

이론적으로 모든 법체계의 형사법은 유죄를 선고하기 위하여 책임의 증거―고의 또는 과실―를 요구한다. 예를 들어 미국의 『모범형법전Model Penal Code』은 범죄를 '개인 또는 공공의 이익을 상당한 정도로 침해하거나 침해할 위험이 있는 정당화될 수 없고 면책되지 않는 행위'라고 정의한다. 형사법상 책임이 성립하려면 결국 세 가지 기본 요소가 필요하다. 행위, 정당화[우리 형법의 위법성조각과 유사하다]되거나, 면책[excuse. 우리 형법의 책임조각과 유사하다]되지 않을 것. 그리고 범죄에 이르려면 '행위'가 개인 또는 공공의 이익을 상당한 정도로 침해하거나 침해할 위험이 있어야 한다. 종합하면 형사책임은 개인 또는 공공의 이익을 상당한 정도로 침해하거나 침해할 위험성이 있는 행위를 정당화 사유나 면책 사유 없이

행할 때 성립한다.

'침해'의 기준은 각 사회가 추구하는 사회·정치적인 가치에 따라 차이가 있다. 그러나 공동체의 안전을 훼손하거나 공동체 구성원의 신체 건강이나 안녕을 해하는 행위가 '침해'에 해당된다는 점에는 이론의 여지가 없다.

일반적으로 영미법상 형사책임이 성립하려면 범죄행위(actus reus)와 범죄의사(means rea)가 요구된다. 그러나 이 요건들이 인정된다고 해서 반드시 유죄로 선고가 내려지는 것은 아니며, 피고인은 몇 가지 항변을 제출하여 범죄의 성립을 피할 수 있다. 행인 갑이 칼을 든 강도로부터 급습을 받았다고 가정해보자. 갑은 공격을 피하는 와중에 강도를 죽이게 될 수도 있다. 갑이 스스로 방어하기 위해서 '합리적인 힘'을 사용하였다면 갑은 정당방위로 완전한 무죄를 선고 받게 된다. 그러나 갑이 자신의 재산을 지키려고 사람을 죽였다면 그러한 방위로는 책임을 면하기 어렵다(과잉방위). 다른 항변으로는 협박(예를 들어 머리에 총구가 겨눠진 채로 범죄행위를 강요당한 경우), 착오(자신의 우산이라고 착각하고 가져간 경우), 무능력(피고인이 너무 어려서 범죄의사를 형성했다고 보기 어려운 경우), 도발, 정신이상 등이 있다.

앞서 언급한 전통적인 범죄들은 비록 처벌의 형태나 정도는 다양하지만 어느 사회에나 존재하는 것들이다. 여기에 더

하여 사회는 사회 자체의 존속에 대한 공격을 용인하지 않는
다. 따라서 반역, 테러, 대중 소요는 범죄가 된다. 그러나 형법
은 공동체에 대한 이러한 극단적인 범죄에 국한되지 않는다.
모욕이나 소란을 야기하는 정도의 행위에도 법이 개입할 수
있다. 공공장소에서의 노출, 과도한 소음이나 악취, 성매매 등
은 기준을 충족할 수 있는 행위의 예이다. 그리고 형법은 국가
가 가부장적으로 개입하는 수단으로 사용되는 경향이 있다.
예를 들어 안전벨트를 매고 헬멧을 쓰도록 강제하는 법이나,
마약 소지를 금지하는 법률을 생각해보라. 이러한 법의 일차
적인 목적은 개인을 자신의 어리석음이나 허약함으로부터 보
호하는 것이다.

영미법은 피고인에게 유죄를 선고하기 위해서 그의 혐의
를 '합리적 의심의 여지가 없는 정도'로 증명하도록 요구한
다. (계약 위반이나 불법행위를 이유로 손해배상을 구하는 소송 같
은) 민사사건에서는 증명의 정도를 '개연성의 균형(balance of
probabilities)'으로 완화한다. 대륙법 국가의 형사재판도 대체
로 유사한 방식으로 진행된다. 유럽 대륙을 비롯한 대륙법계
국가들이 이른바 '규문주의(糾問主義)'를 채택한다고 알려진
것은 오해이며, 두 법계의 접근법에 차이가 크다는 주장은 과
장된 것이다.

불법행위에서와 마찬가지로 형법상 책임도 특정한 경우에

는 엄격해진다. 어떤 범죄는 범죄의사가 없어도 공공의 안녕을 보호한다는 근거에서 인정된다. 예를 들어 공장이 산업공해에 책임이 있는 경우에는 과실이 없어도 범죄가 성립한다.

물론 검찰측은 기소된 해당 범죄행위를 피고인이 실제로 범하였음을 증명해야만 한다. (그리고 증명에는 인과관계 문제가 따라온다.) 예를 들어 갑과 을이 싸우다가 갑이 휘두른 뭉툭한 방망이에 을이 머리를 맞았다고 가정하자. 그리고 을은 병원에 가서 약을 잘못 투여 받고 사망하였다. 갑에게 을에 대한 살인죄가 성립하는가? 갑의 행위와 을의 사망 사이에 **인과관계**가 있는가? 갑이 가한 상처가 없었더라면 을은 병원에 가지 않았을 것이고 과실로 잘못된 처방을 받지도 않았을 것이다. 그러나 어느 법체계도 갑에게 을의 사망에 책임을 묻지는 않을 것이다.

대부분의 국가에서 살인죄가 성립하려면 살인의 고의를 입증해야 한다(영미법에서의 '계획적 범행 의사'). 여러 법체계들은 살인을 그에 관여한 심적 요소에 따라 다양한 방식으로 분류하고자 한다. 예를 들어 미국과 캐나다에서는 살인을 여러 종류의 범죄로 구별한다. 캐나다 형법에서 일급살인은 고의로 사전에 계획하여 타인을 살인하거나, 강도 같은 다른 중죄를 범하는 중에 범행이 발전하여 살인한 경우이다. 이급살인은 사전 계획이 없었던 고의적 살인이다(순간적으로 흥분해서 살인한 경우). 셋째로 고살(manslaughter)은 죽이려는 의도 없이 타인을 살해한 경우이다. 넷째는 영아살해(infanticide)로 모친이 분만의 영향에서 벗어나지 못한 상태에서 영아를 살해하는 것이다.

고의적 살인에 대한 책임은 상대적으로 논란의 여지가 없으나, 과실로 사망한 경우는 간단하지 않다. 여러 법제도는 이 진퇴양난의 문제를 서로 다른 방식으로 해결하고 있다. 어떤 국가에서는 피고인이 주관적으로 자신의 행위가 누군가를 죽일 수 있음을 알았어야 하며, 그러한 위험에도 불구하고 개의치 않고 행위를 진행했음을 요구한다. 예를 들어 장전된 총으로 사람을 겨냥해서는 절대 안 된다고 수차례 경고를 받았으나 이를 무시하고 사람을 겨냥했다가 총이 발사되어 사망케 한 경우이다. 다른 국가에서는 이러한 사전 인지를 요구하지 않고 피고인에게 중과실이 있는 경우에 과실에 의한 살인에 책임을 부과한다. 그저 일반적인 과실만을 요건으로 하는 국가들도 있다.

형법의 주된 기능 중 하나는 유죄가 인정된 범죄자를 처벌할 권한을 국가에 부여하는 것이다. 이는 (종종 서로 경쟁하는) 여러 이유를 근거로 정당화될 수 있다. 첫째, 형벌은 범죄자와 일반인 모두의 범죄를 억제하는 기능이 있다는 주장이다. 맞는 말이긴 하나 자신이 체포될 거라고 생각하는 범죄자는 거의 없다. 따라서 억제력의 유효성은 의문스럽다. 둘째로 특히 자유형(自由刑) 같은 형벌은 범죄자가 자기 행동을 반성하여 새로운 시민으로 재탄생하게 돕는다는 주장이다. 불행하게도 실증적 증거에 따르면 이러한 자애로운 태도는 근거가 빈약하다고 한다. 셋째로 형벌의 진정한 목적은 응징 또는 응보라는 주장이다. '눈에는 눈'으로 나쁜 행동을 한 자에게 죗값을 치르게 하자는 것이다. 이러한 주장의 극단적인 현대판은 이슬람 법인 샤리아이다. 이 법의 주류적 해석에 따르면 심각한 절도에는 형벌로 손 또는 발을 절단한다(초범이라면 다행히 한쪽 손만 자른다). 국가는 범죄자를 처벌하는 책임을 떠맡음으로써 범죄 피해자가 '자력으로 행하는 보복'의 위험을 줄인다. 네번째 주장은 범죄자를 구금하여 사회로부터 격리하는 방법으로 나머지 시민들을 보호한다는 것이다. 마지막으로 특히 경범죄 범죄자는 '사회봉사'를 함으로써 사회에 기여하게 된다. 이러한 종류의 형벌은 '회복적 사법(restorative justice)'의 한 가지 유형으로 정당화된다.

물론 모든 범죄가 기소로 이어지는 것은 아니다. 심지어 범죄자가 체포된 경우에도 마찬가지이다. 경찰과 검찰은 어느 범죄에 체포, 기소 등의 형사 사법체계를 적용해 진력하는 것이 타당한지 결정할 재량권이 있다. 두 기관은 범죄의 중한 정도나 범죄자의 나이와 성별 등을 포함한 다양한 요소를 고려

할 것이다. 경찰의 재량권은 특히 가정폭력이나 교통 법규 위반에서 분명히 드러난다. 이는 경찰관에게 인간적 면모를 부여하는 중요한 장점이 된다. 예컨대 나이 어린 범죄자에게 한 번 더 기회를 줄 수도 있고, 이는 경찰에 대한 대중의 인식을 향상하는 데도 도움이 된다. 기소 여부는 증거의 충분한 정도, 다른 대안의 효용성, 범죄자의 전과 같은 사정에 따라 결정된다. 영미법에서는 범죄자가 다른 범죄자들을 기소하는 데 얼마나 협조하는지도 고려 사항이 된다. 이러한 재량권의 발동은 사건이 쇄도해 형사 사법체계가 폭주하는 것을 방지한다. 다른 한편으로는 재량권을 남발하면 법치주의의 기반을 약화한다는 비판도 제기된다. 특히 재량권이 유명 인사에게 자의적이거나 일관되지 않게 행사되는 경우에 그러하다.

검사가 피의자를 기소하기로 결정했더라도 여전히 재량의 여지가 남아 있다. 특히 미국을 포함한 여러 국가에서 검찰측은 피고인이 유죄를 인정하면 대신 형을 감경해주는 '사법거래(plea bargain)' 협상을 할 수 있다. 검사는 더 나아가 공소를 취소(nolle prosequi)하여 사건을 중단한다고 공식 선언할 수도 있다. 증거 부족·불충분, 잘못된 기소, 범죄의 사소한 성질 등이 그 이유가 될 수 있다.

재산법

소유권은 사회 조직의 핵심에 있다. 법이 이 배타적인 권리를 규정하고 보호하는 방식은 사회의 본질을 파악하는 중요한 지표이다. 그리고 사적 소유에 절대적 권리를 부여하든, 집단적 권리를 인정하든, 중간 입장을 채택하든, 법은 언제나 이 주제에 대하여 발언해왔다. 구체적으로 재산법은 첫째로 무엇이 '재산'이 되는지, 둘째로 개인은 언제 목적물에 대한 배타적 권리를 취득하는지, 셋째로 그러한 권리는 어떻게 보호받는지를 결정한다.

첫번째 문제와 관련하여 토지, 건물, 그 밖의 물건이 재산이 된다는 점에는 일반적으로 동의한다. 이를 영미법에서는 물적 재산(주로 토지)과 인적 재산으로 구별하고 대륙법에서는 부동산과 동산으로 구별한다. 물적 재산은 주로 부동산과 일치하며, 인적 재산은 주로 동산과 일치한다. 그런데 사실 재산은 법이 선언하는 대로 형성되는 것이다. 10달러짜리 지폐는 내재적 가치가 없는 종잇조각에 불과하다. 법이 가치를 부여한 것이다. 이와 비슷하게 법이 아예 재산을 만들어내기도 한다. 저작권 같은 지적재산권이 대표적이다. 저자도 이 책의 저작권자로서 이 책의 복제와 발행에 대하여 여러 권리를 독점한다.

두번째 문제—누가 권리자인가—는 일반적으로 누가 목적물에 관하여 장기간에 걸쳐 가장 강력한 통제권을 갖는지로 결정된다. 통상 이러한 권리에는 소유권을 타인에게 이전할 수 있는 권리가 포함된다. 그러나 토지의 경우에는 매도인이 법적 소유자가 맞는지 알기가 쉽지 않다. 그래서 대부분의 법체계는 토지에 대한 일정한 공적 장부(등기)를 둠으로써 토지를 구매하려는 자에게 진정한 소유자가 누구인지 확정해준다.

셋째로 법은 목적물의 소유자와 현재 이를 점유한 사람 사이에 발생하는 다툼을 원만하게 해결해준다. 전자는 우리가 앞서 본 대로 목적물에 가장 강력한 통제권을 장기간 갖는 자이다. 그런데 갑이 빌라를 1년간 을에게 빌려줬다고 생각해보자. 현재 빌라를 점유한 것은 을이지만 최종적으로 소유할 권리는 갑에게 있다. 어떤 법체계는 (적어도 임차 기간에는) 세입자를 소유권자보다 우선시하지만, 반대로 소유권자의 손을 들어주는 곳도 있다.

재산법 분야의 중요한 영역이 신탁법이다. 신탁법은 영국에서 보통법(common law)과 '형평법(equity)'이 구별되던 시기에 발전한 영미법 특유의 제도이다. 형평법은 14세기에 국왕법원에서 사용되던 보통법의 경직성과 부패, 형식주의에 대한 불만으로부터 발전했다. 국왕법원에서 패소한 당사자는 정의의 원천으로 여겨지던 국왕에게 엄밀한 법적 논리가 아닌 도덕적 원칙에 따라 구제해달라고 청원하였다. 국왕은 이를 당

시 대법관으로서 사법권 행사를 겸하던 최고행정관(대법관부
법원)에게 담당하게 하였다. 이에 따라 형평법의 관념이 탄생
하게 되었다. 정의나 도덕의 원리와 엄격한 법 적용 사이의 피
할 수 없는 갈등은 셰익스피어의 『베니스의 상인』 4막 1장에
등장하는 포셔의 말에도 잘 드러나 있다.

자비의 본질은 강압할 수 없는 게요.

(The quality of mercy is not strained.)

그것은 하늘에서 대지 위로 내리는

(It droppeth as the gentle rain from heaven)

부드러운 비와 같고 이중의 축복으로

(Upon the place beneath. It is twice blest;)

베푸는 자 받는 자 모두에게 축복이요.

(It blesseth him that gives and him that takes.)

최강자의 최강점으로서 옥좌 위의 왕에게

('Tis mightiest in the mightiest; it becomes)

왕관보다 더욱 임금답게 해줍니다.

(The throned monarch better than his crown.)

형평법이 담당하는 영역에서 출현한 몇 가지 개념 중에는
신탁이라는 간편한 제도도 있었다. 신탁이란 '위탁자(settlor)'

가 수익자(beneficiaries)의 이익을 위하여 수탁자(trustee)에게 자기 재산을 이전하여 보유하도록 하는 것으로, 수익자는 수탁자가 신탁의 내용을 이행하도록 법원에 청구할 수 있게 된다.

형평법은 양심에 뿌리내린 제도로서 금지 명령을 포함한 여러 중요한 구제 방법도 만들어냈다. 금지 명령은 법률 위반 행위를 사전에 방지한다. 예를 들어 을이 갑의 명예를 훼손하는 출판물을 간행하려 한다는 사실을 갑이 알았다고 생각해 보자. 여러 법체계는 갑이 긴급 금지 명령을 발부 받아 을의 행위를 막을 수 있도록 하고 있다. 또다른 형평법적 구제책은 '특정 이행'이다. 보통법은 원칙적으로 계약 위반에 대한 구제 방법으로 손해배상만을 허용하였으나, 종종 원고는 배상금 대신 계약 내용대로 이행하기를 원하였기 때문에 특정 이행이 강력한 구제 방법으로 선호되었다. 19세기 이래로 형평법은 보통법과 동일하게 법원에서 적용되고 있다. 비록 두 법체는 여전히 구별되기는 하지만, '완고한 남성'으로서의 보통법과 대비되는 '온정적인 여성'으로서 형평법의 역할은 사라졌다. (글7 참조)

헌법과 행정법

모든 국가에는 성문이든 불문이든 헌법이 있다. 헌법은 정

> **글7. 디킨스가 그린 대법관부 법원**
>
> 이곳은 대법관부 법원이다. 이곳은 모든 지역의 무너져버린 집들과 황폐해져버린 토지를 거느리고 있다. 이곳은 모든 정신병자 수용소의 지쳐버린 미치광이들과, 모든 교회묘지의 죽은 자들을 거느리고 있다. 이곳은 뒤축이 닳아빠진 구두를 신고 실이 나달나달할 정도로 낡은 옷을 입고는, 조금이라도 아는 사람이면 따라다니며 돈을 빌리고 구걸하는 파멸한 소송인을 거느리고 있다. 이곳은 돈 있는 자가 옳은 자를 지쳐 떨어지게 하는 수단을 풍족하게 제공해주며, 재정, 인내, 용기를 몹시도 고갈시키며, 그토록 머리를 뒤집어놓고 가슴을 부숴버려서, 여기서 일하는 사람들 중에 명예를 아는 사람이라면 "여기 오느니 차라리 네게 가해질 어떤 잘못이라도 견뎌라!"라는 경고를 할 수밖에 없을 것이다. 실제로는 그리 자주 경고를 하지도 않지만.
>
> 찰스 디킨스, 『황폐한 집Bleak House』

부기관의 기능과 구성을 명시하며 국가와 개인의 관계를 규율한다. 헌법은 정부의 기능이 입법부, 행정부, 사법부 기관들 사이에 어떻게 분배되는지를 결정한다. 바로 '권력 분립'이다.

여러 헌법은 정부 권력으로 하여금 개인의 권리와 자유를 시민에게 부여하도록 강제하는 권리장전에 관한 내용을 포함한다. 이러한 권리에는 언론, 양심, 종교의 자유와 평화로운 집회의 권리, 단체 결성의 자유, 사생활의 권리, 법 앞의 평등, 평 등권, 생명권, 결혼 및 가족에 관한 권리, 이동의 자유, 형사 절 차에서 피의자 또는 피고인이 갖는 권리 등이 포함된다.

행정법은 공적 기관의 권한과 의무의 행사를 규율한다. 즉 법원이 공적 기관의 법적·행정적 행위를 심리함으로써 국가 권력을 통제하는 것이다. 이는 지난 50년간 정부기관의 업무 가 극적으로 확대되어 시민의 사회, 경제 생활의 광활한 영역 을 규제하게 된 결과로 나타난 현상이다. 이른바 '준사법' 기 관에서 이루어진 결정도 심사한다. 예를 들어 징계위원회의 결정이 구성원의 법적 권리에 영향을 미치는 경우 그 결정은 법원의 '사법심사' 대상이 되어 합리적인 결정이었는지 여부 가 검토된다.

법원에서 합리성을 심사하는 구체적인 기준은 여러 영미법 계 국가 간에 차이가 있다. 예를 들어 미국은 당해 기관의 결 정이 법원이 판단하기에 '독단적이거나 변덕스러운지' 여부 에 따라 무력화 여부를 결정한다. 캐나다의 기준은 '명백한 불합리성'이며, 인도의 대법원은 비례성의 원칙과 합법적 기 대 가능성의 기준을 활용한다. 영국 법은 이른바 '웬즈베리 (Wednesbury) 불합리성'이라는 기준을 채택한다. 동명의 사건 으로부터 이름을 따온 것으로, 해당 사건에서 법원은 '너무나 불합리하여 어떠한 합리적인 권한자라도 그러한 결정을 내리지 않았으리라 생각되는' 결정이라면 효력이 없다고 판시하였다.

프랑스에서는 헌법원(Conseil Constitutionnel)이 배타적인 법률심사권을 갖는다. 여기에는 국회의 의결을 통과하기 이전의 법률안이 포함된다. 헌법원이 효력이 없다고 선언한 법안에는 불복할 방법이 없다. 프랑스 최고법원(국사원과 파기원)은 법률을 해석할 때 헌법에 합치되는 방식으로 하여야 한다. 프랑스의 행정법은 인간의 존엄성 등 특정한 '헌법적 원리'를 인정하므로, 구체적인 법률상의 지시가 없더라도 법 집행이 이에 합치되도록 하여야 한다. 독일의 헌법(기본법)은 사법심사를 다수의 독재에 대한 견제 수단으로 보장한다.

몇몇 대륙법계 국가들은 별도의 행정법원을 두고 있다. 따라서 당해 사건이 행정법원이 관할하여야 할 사건인지 보통법원이 더 잘 처리할 수 있는 사건인지 구별해야 하는 어려움이 발생한다. 예를 들어 프랑스는 특별한 분쟁위원회가 어느 법원에서 사건을 처리할지를 결정하는 반면, 독일은 소송이 처음 제기된 법원이 스스로 관할권이 있는지 여부를 심사하고 관할권이 없는 경우 관할 법원으로 이송한다. 이탈리아에서는 파기원이 관할과 관련한 최종 결정권을 갖는다.

그 밖의 가지들

가족법은 결혼(및 그와 동급의 현대 제도), 이혼, 아동, 양육비, 입양, 양육권, 후견인, 대리모, 가정폭력 등을 다룬다.

국제공법은 주권 국가들 사이의 관계를 규율한다. 이러한 규범들은 조약과 국제협정(대표적으로 제네바협약이 전쟁중 인도주의적 규율에 관한 4개 조약과 3개 부속 문서로 이루어져 있다), 유엔이나 국제노동기구, 세계무역기구, 국제통화기금, 유네스코 등 국제기구에서 만들어진다.

헤이그에 위치한 국제사법재판소(종종 세계법원으로도 불린다)는 국가 간 법률 분쟁에 권고 의견을 내기 위하여 유엔 헌장에 기초하여 1945년에 설립되었다. 국제형사재판소도 2002년 헤이그에 설립되었으며 대량학살, 반인도범죄, 전쟁범죄, 침략범죄와 관련된 행위로 기소된 자를 재판한다. 현재 100여 개 국가가 회원국이지만 중국과 미국은 여기에 가입하지 않았다. 미국은 국제법원이 정치화될 우려가 있고, 기소된 미국인이 배심재판을 받을 권리 등 헌법적 권리를 보장받지 못할 가능성이 있다는 이유로 가입을 거부했으나 별다른 근거는 없다.

환경법은 인간의 약탈에 맞선 자연환경 보호를 주 목적으로 하는 관습법과 법률, 국제 조약과 협약의 묶음이다. 오염원이 되는 탄소배출 규제나 지구온난화 방지 등을 들 수 있을 것이다. '지속 가능한 발전'도 중요한 주제이다.

회사법은 기업의 '상장'을 비롯한 여러 기업 업무를 다룬다. '법인격(회사가 구성원들과 구별되는 독립적인 법률상 지위를 가진다)' 개념은 비즈니스 세계에서 필수적이다. 이에 따르면 회사는 계약을 맺고 소송을 하거나 소송을 당할 능력이 인정되는 법률상의 인격을 갖는다. 회사법은 임원과 주주 사이의 권리와 의무도 규율하며, 점차 회사의 지배 구조, 합병, 인수에 관한 규율을 확대해가고 있다.

법의 새로운 영역은 사회, 경제, 정치 발전에 발맞춰 급성장한다. 끊임없이 발전하는 과학기술도 물론이다. 이러한 변화의 일부는 6장에서 다룬다.

제 3 장

법과 도덕

고문은 나쁜가? 낙태는 무엇이 문제인가? 동성애는 죄악인가? 어느 사법체계에서나 이런 도덕적 질문이 제기된다. 그리고 이러한 질문에 맞서는 것이야말로 자유로운 사회의 본질적인 특성이다. 최근 미국 헌법이 동성 간 결혼을 헌법으로 보장한다고 선언한 미국 연방대법원의 기념비적 판결을 생각해 보라.

나아가 국제사회에서는 도덕의 언어가 점점 더 많이 동원되고 있다. 미국 대통령이 일부 국가를 지목하며 '악의 축'이 존재한다고 발언했을 때, 그는 분명 무의식중에 국가의 행위에 관한 규범적 척도를 상정한 것이다. 그리고 이러한 규준은 유엔이 형성된 이래로 확대일로인 국제 조약과 협약 모음에 일부 체현되어 있다.

도덕적 질문은 외면하기 어렵다. 삶의 원칙으로 삼을 만한 도덕적 가치를 인지하고 나아가 인정하는 것은 더욱 논쟁적이다. 선하게 살거나 선을 행하는 일이 반드시 법을 지키는 것과 동일하지는 않다. 비록 법, 법의 이상, 법의 기관은 모두 도덕적 가치에 영향을 받기는 하지만 말이다. 물론 영향이 없다면 더 곤란할 것이다.

사회가 채택한 법과 도덕적 실천(또는 '실천 도덕')의 관계는 일부가 겹치는 두 개의 원으로 그릴 수 있다. 두 원이 겹치는 부분에서 법과 도덕적·윤리적 가치는 일치한다. (예컨대 살인은 도덕적으로나 법적으로나 모든 사회에서 금지된다). 그러나 교집합 밖 한편에 위법하지만 꼭 비도덕적이지는 않은 행위(예컨대 주차 위반)가 있고, 다른 한편에는 비도덕적이지만 반드시 위법하지는 않은 행위(예컨대 간통)가 있다. 교집합이 넓을수록 법이 사회 구성원들에게 널리 인정받고 준수되기 쉽다.

물론 어떤 경우에는 개인이나 집단의 도덕 규범이 현행법과 충돌한다. 예를 들어 병역의 의무를 부담하는 평화주의자가 양심적 병역거부를 선택한다면 법률 위반을 이유로 투옥될 수도 있다. 이와 비슷하게 여러 국가의 언론인들은 취재원을 공개하지 않을 권리가 있다고 주장한다. 그러나 재판에서 증인으로서 정보 공개를 요구받을 때 이루어지는 법적 판단은 다를 수 있다.

더욱 극단적인 상황은 법이 다수 국민의 도덕적 가치와 실제로 **충돌하는** 경우이다. 예를 들어 아파르트헤이트 치하의 남아프리카공화국에서 법은 **부도덕한** 목표를 추구하기 위하여 사용되었다. 소수의 백인들이 만든 정권은 모든 흑인의 시민으로서의 권리를 박탈하였으며, 법은 사회·경제 생활의 주요 영역에서 흑인을 차별하였다. 이러한 경우에 우리는 그토록 부정의한 법률에 '법'의 자격이 있기는 한지 의문을 갖게 된다. 다음의 질문을 생각해보자. 법은 도덕적이어야만 하는가? 무엇이든 법이라고 할 수 있는가?

법률이 부도덕함에도 불구하고 '법'으로 인정될 수 있는지에 관하여는 두 선구적인 법철학자의 유명한 논쟁을 살펴볼 필요가 있다. 논쟁의 중심에는 2차세계대전 직후에 있었던 서독 법원의 판결이 있다. 1944년 나치 치하의 독일에 살던 한 여성은 남편을 처리하고 싶은 마음에 그가 히틀러의 전쟁에 관하여 모욕적인 말을 했다고 비밀경찰 게슈타포에 밀고하였다. 남편은 재판으로 사형 선고를 받았으나, 다행히 형이 변경되어 러시아와 교전중인 동부 전선에 배치되어 병사로 복무하였다. 전쟁이 끝나자 검찰은 남편의 잃어버린 자유를 회복하는 취지에서 부인을 기소하였다. 부인은 남편이 나치의 1934년 법률을 위반하여 실제로 범죄를 저질렀다고 항변하였다. 그러나 법원은 남편을 처벌한 해당 법률이 '모든 선량한 인류의 건전한 양심과 정의의 감각'에 반한다는 이유로 부인에게 유죄를 선고하였다.

옥스퍼드의 법학교수 하트는 이와 같은 법원의 결정과 이에 뒤따른 유사한 판결들이 잘못되었다고 주장하였다. 1934년의 나치 법은 공식적으로 유효한 법률이었기 때문이다. 반면 하버드 로스쿨의 풀러(Lon Fuller) 교수는 나치의 '법'이 도덕과 너무나 동떨어져 있기 때문에 절차적으로 법의 자격을 얻는 데 실패했다고 주장하며 법원의 결정을 지지하였다. 물론 두 법학자 모두 소급적인 법률을 새롭게 제정하여 부인을 기소할 수 있도록 하는 편이 나았을 것이라고 보았다.

풀러의 관점에 따르면 법에는 '내재적 도덕성'이 있다. 사법체계는 '인간의 행위를 일반 규칙의 지도와 통제 아래에 두려는 목적'이 분명하다. 사법체계는 일정한 절차적 기준을 준수해야 하며, 그렇지 않은 사법체계는 그저 국가에 의한 강압 정치일 뿐이다. '법의 내재적 도덕성'은 여덟 가지 기본 원칙으로 구성되며, 이중 하나라도 준수하지 못하거나 여러 부분에서 상당히 미달한다면 '법'은 그 사회에서 존재하지 않는 것이 된다. 풀러는 이 여덟 가지 원칙을 설명하기 위해 이를 지키지 못한 슬픈 왕 렉스(Rex)의 이야기를 그린다. 첫째, 렉스는 법을 만들지도 않은 채 그때그때 상황에 따라 통치했다. 둘째,

렉스는 법을 공포하지 않았다. 셋째, 렉스의 법은 소급 적용되었다. 넷째, 법은 이해하기 어려웠다. 다섯째, 법은 서로 모순적이었다. 여섯째, 수범자의 능력으로는 도저히 준수할 수 없었다. 일곱째, 렉스의 법은 너무나 자주 바뀌었기 때문에 피지배자들이 이 법에 따라 행동할 수 없었다. 마지막으로, 제정된 법과 실제 법 집행 사이에 아무런 관련이 없었다.

풀러는 이러한 과오가 여덟 가지 형태의 '법적 탁월함'을 거꾸로 반영한 것이라고 설명한다. 사법체계는 바로 이 탁월함을 추구해야 하며, 그렇게 함으로써 '법의 내재적 도덕성'을 담아야 한다. 여덟 가지 법적 탁월함은 다음과 같다. 일반적일 것, 대중에 공포될 것, 소급되지 않을 것, 명료할 것, 모순되지 않을 것, 준수 가능할 것, 일관될 것, 공포된 법과 공무집행이 일치할 것.

법체계가 이 원칙 중 하나라도 준수하지 못하거나 여러 부분에서 상당히 미달한다면 그 공동체에 '법'이 존재한다고 말할 수 없다. 말하자면 풀러는 실질적인 자연법적 접근과는 다른 절차적인 자연법적 접근을 취한 셈이다. (자연법 이론에 관하여는 이 장에서 후술한다.) '법의 내재적 도덕성'은 본질적으로 풀러의 표현으로 '열망의 도덕(morality of aspiration)'이다. 이 것 없이는 법적 탁월함을 성취하기는커녕 그 법의 실질적인 목적조차 달성할 수 없다.

법의 일이 아닌 것?

하트 교수는 법과 도덕의 관계에 관한 또다른 중요한 논쟁에도 참여했다. 이번 상대는 영국 판사 데블린(Patrick Devlin) 경이었다. 이른바 하트-데블린 논쟁은 도덕을 수행하는 데 법의 역할이 무엇인지에 관하여 근본 쟁점을 보여준다. 영국에서뿐 아니라 전 세계에서 이 주제와 관련한 논쟁이 있을 때면 언제나 핵심 출발점이 되는 고전적인 대립이라고 할 수 있다.

1957년 영국 존 울펜덴(John Wolfenden) 경이 지휘한 위원회에서 발행한 보고서가 논쟁의 기폭제가 되었다. 당시 위원회는 동성애와 성매매의 형사처벌 문제를 조사하는 임무를 맡았다. 보고서의 결론은 다음과 같았다. 형법의 기능은 공공의 질서와 품위를 지키고, 불쾌하고 위험한 것, 다른 이의 착취와 부패로부터 시민들, 특히 어리고 경험이 적고 약한 자들을 보호하는 것이다. 그러나 보고서는 이렇게 이어진다.

사회가 법이라는 도구로써 범죄의 영역과 도덕적 죄악을 일치하려는 의도적인 시도를 필요로 하는 절박한 상황이 아니라면, 사적인 도덕과 비도덕의 영역은 반드시 남아 있어야 한다. 거칠게 요약하자면, 그것은 법의 일이 아니다.

성인들 사이에서 합의하에 사적으로 동성애와 성매매가 이루어지는 한 비범죄화될 필요가 있다는 울펜덴 위원회의 결론은 19세기의 자유주의적 공리주의자 존 스튜어트 밀의 영향을 강하게 받은 것이었다. 밀은 1859년에 다음과 같이 주장하였다.

인간이 개인으로서나 집단으로서 어느 한 개인의 자유에 정당하게 간섭할 수 있는 유일한 경우는 그 목적이 자기방어일 때이다. 권력이 문명사회의 한 구성원에게 본인의 의사에 반하여 정당한 제재를 가할 수 있는 유일한 경우는 그 목적이 타인에게 가해지는 해악을 방지하는 것일 때이다. 물리적 이익이든 도덕적 이익이든 그 자신의 이익은 충분한 근거가 되지 못한다.

언뜻 보면 이 '위해원칙(harm principle)'을 형법의 범위를 정하는 시금석으로 삼는 것은 간단하고 매력적으로 보인다. 그러나 곧바로 두 가지 어려움에 부딪힌다. 첫째는 '더 큰 죄악'을 범한다는 의미에서 형벌이 정당화될 수 있지 않느냐는 것이다. 그리고 둘째로 무엇이 '위해'를 구성한다고 누가 결정하느냐는 것이다.

이 두 질문이야말로 하트-데블린 논쟁의 핵심이다. 데블린은 1959년에 일련의 강의에서 울펜덴 위원회의 입장을 비판했다. 데블린은 사회에는 사회의 평범한 구성원('배심원석에 앉

은 사람')이 보기에 지극히 비도덕적인 행위를 얼마든지 처벌
할 권리가 있다고 주장했다. 위해가 없더라도 족하다. 사회 구
조는 구성원이 공유하는 도덕으로 유지되는 것이다. 이러한
사회적 화합은 비도덕적 행위가 행해진다면 기반이 약화된다.
그것이 사적으로 이루어지거나, 누구에게도 위해를 가하지 않
더라도 마찬가지이다. 사회는 대부분의 경우에 외부 세력에
의해 파괴되기보다 내부로부터 붕괴한다는 것이다.

공통의 도덕이 없을 때 사회는 붕괴하며, 도덕적 유대가 느슨해
지는 것이 붕괴의 첫 단계임을 역사는 보여준다. 그러므로 사회
가 그 통치를 유지하기 위하여 도덕률을 지키는 조치를 취하는
것은 정당하다. (⋯) 죄악을 억누르는 것은 이적 행위를 막는 것
만큼이나 법의 일이다.

물론 데블린은 '참을 수 없고, 분노를 일으키며, 혐오스러
운' 행위만이 처벌 대상이 된다고 제한하였다. 그러나 하트 교
수는 '사회적 유대'라는 데블린의 주장을 뿌리부터 흔들고자
하였다. 하트에 따르면 사회가 존속하기 위하여 공통의 도덕
을 공유할 필요는 없으며, 다원적이고 다문화적인 사회에서
는 얼마든지 다양한 도덕적 관점을 포용한다. 뿐만 아니라 사
회가 공유하는 도덕이 존재한다 하더라도 이를 보호하는 것

이 정말 사회의 존속에 필수인지도 의문이다. 하트가 주장한 첫번째 관점에서 보자면, 경쟁하는 이념이나 도덕의 도전으로 사회의 근간이 무너진다는 주장은 억지스럽다. 무슬림이 주민의 상당 부분을 차지하는 서구 사회에서 이슬람이 음주를 금지한다고 하여 그 사회의 근간이 중대하게 손상되었는가? 마찬가지로 중동의 이슬람 사회가 그 지역 곳곳에 거주하는 소수민족의 도덕률을 버티지 못하고 붕괴해버렸는가?

그러나 하트는 법의 가부장적 개입을 완전히 부정하지는 않는다. 밀과 달리 하트는 법이 스스로 물리적 위해를 가하는 개인을 보호할 필요성이 있다고 인정한다. 따라서 살인과 폭행에 피해자가 동의했다고 항변하더라도 형법은 여전히 이를 배척할 수 있다. 안전벨트와 헬멧 착용을 강제하는 것도 법적 규율의 적법한 행사이다.

하트가 채택한 또다른 중요한 기준은 위해가 공개적으로 이루어졌는지 아니면 사적으로 이루어져 그저 간접적으로 알려졌는지를 구별하는 것이다. 공개적인 중혼(重婚)은 대중의 종교적 감정을 해치므로 처벌할 수 있다. 반면 성인 간에 합의에 따라 사적으로 이루어지는 성행위는 오직 간접적으로만 전해질 뿐이므로 처벌할 수 없다. 후자의 행위를 규율하려면 특별한 입법을 마련하는 것이 바람직하다. 다음은 영국의 저명한 판사 레이드(Reid)의 말이다.

주지의 사실은, 사적으로 이루어진 비도덕적 행위를 법이 어디까지 규율해야 하는지에 관하여 여론이 매우 크게 갈린다는 점입니다. 어떤 이들은 법이 이미 과도하다고 생각하나, 다른 이들은 법이 충분치 못하다고 합니다. 이를 해결하기에 적절한 곳은 의회입니다. 저는 오직 의회만이 적절한 장소라고 강하게 믿고 있습니다. 대중 여론의 충분한 지지가 있다면 의회는 지체 없이 개입할 것입니다. 의회가 나서기를 주춤하는 문제라면 법원이 끼어들 사안이 아닙니다.

태아를 생명권이 있는 인간으로 보려는 도덕적 관점과 낙태에 대한 여성의 권리를 인정하려는 관점을 어떻게 조화시킬까 하는 아래의 문제에도 유사한 접근이 필요하다.

생명에 대한 권리?

미국에서의 낙태 논쟁은 도덕적 질문이 얼마나 사회를 양극화할 수 있는지 보여주는 대표적인 사례이다. 기독교인들은 낙태 행위가 살인과 같다고 거칠게 비난한다. 반면 페미니스트들은 낙태를 여성이 자신의 신체를 통제할 수 있도록 하는 여성권의 기초라고 여긴다. 중간 지대는 없는 듯 보인다. 미국의 철학자 드워킨(Ronald Dworkin)도 논쟁의 맹렬함을 다음과 같이 생생히 그린다.

반낙태 그룹과 그 반대자들 사이의 전쟁은 17세기 유럽의 끔찍했던 종교전쟁의 미국판이다. 서로 대립하는 군대가 길을 따라 행군하며, 낙태 클리닉, 법원, 백악관에서 시위를 하려고 떼 지어 몰려다닌다. 비명을 지르고 상대에게 침을 뱉고 서로를 혐오한다. 낙태가 미국을 찢어놓고 있다.

낙태에 대한 이 분열된 논의의 핵심에는 1973년 미국 연방 대법원의 '로 대 웨이드' 사건이 있다. 이 사건에서 다수 의견은 텍사스의 낙태금지법이 사생활의 권리를 침해하여 위헌이라고 판결하였다. 기존의 낙태금지법에 따르면 낙태를 하고자 하는 여성은 자신의 생명을 구할 목적이 아닌 한 범죄자로 처벌받았다. 이에 대하여 대법원은 각 주에서는 태아의 생명을 위하여 낙태를 금지할 수는 있으나, 오직 임신 후기(6개월)인 경우에만 금지가 가능하다고 판시하였다.

드워킨이 '의심할 나위 없이 미국 대법원 역사상 가장 유명한 판결'이라고 묘사한 이 결정이 나오자 페미니스트들은 일제히 환영하였다. 반면 많은 기독교도는 비난 일색이었다. 이 판결은 합법적 낙태를 향한 미국 여성들의 권리를 아슬아슬하게 매달고 있다.

6. 미국 연방대법원의 역사적인 '로 대 웨이드' 판결은 페미니스트와 반낙태주의자 사이에서 날카로운 논쟁을 끊임없이 불러일으키고 있다.

낙태 논쟁에서 인간 생명의 존엄성은 자기 신체에 대한 여성의 권리와 어떻게든 도덕적으로 저울질되어야만 한다. 대부분의 유럽 국가들은 특정 기간 내에 특정 조건하에서 낙태를 허용하는 법률을 제정하여 이 평형을 맞추고자 하였다. 예를 들어 영국에서는 두 명 이상의 의사에게 임신을 유지하는 것이 임신부나 태아의 생명 또는 신체를 위협하고, 그 위험이 임신을 끝내는 위험보다 크다고 인정받으면 적법하게 낙태할 수 있다. 아이가 심각한 신체, 정신 장애를 안고 태어날 위험이 상당한 경우에도 적법하게 낙태할 수 있다. 태아가 독자적으로 생존할 수 있는 능력을 갖춘 후라면 낙태는 불법이 된다. 그 시점은 대체로 28주 후라고 본다. 더 최근 제정된 법률에 따르면 임신 후 24주가 경과하지 않은 경우에 임신을 계속하는 것이 임신을 끝내는 것보다 임신부 또는 이미 출산한 다른 아이의 신체, 정신 건강에 피해를 끼칠 가능성이 크다면 낙태가 가능하다. 나아가 낙태를 하지 않는 것이 임신부의 신체, 정신 건강에 영구적인 큰 손상을 입히거나 생명을 위협하는 경우, 또는 아이가 태어나서 신체적, 정신적 기형으로 심각한 장애를 갖고 살아갈 위험이 있는 경우라면, 낙태 시점에 전혀 제한이 없다.

이 복잡한 문제를 적절하게 해결하기 위하여 각 사회는 그 안에서 통용되는 도덕이 무엇인지 살펴야 한다. (글8 참조) 만

글8. 도덕적 모순?

전쟁 이외의 상황에서 살인을 저지르는 것은 통상 범죄 중에서 가장 큰 죄로 여겨진다. 우리 문화에서 살인보다 더 강하게 금지되는 유일한 행위는 식인 행위이다. (비록 이미 죽은 자일지라도.) 그러나 우리는 다른 종의 일원을 먹는 것을 즐긴다. 대부분의 사람들은 흉악한 범인을 사형 집행하는 것도 꺼리는 반면, 그다지 피해를 주지 않는 유해 동물을 재판 없이 쏴 죽이는 데 기꺼이 동의한다. 심지어 우리는 무수히 많은 무해한 동물을 오락이나 즐거움을 위하여 죽인다. 아메바만큼이나 인간적 감정이 없는 인간의 태아는 어른 침팬지보다도 많은 존중과 법적 보호를 받는다. 그러나 침팬지는 감정이 있고 사고를 할 뿐만 아니라 인간의 언어를 배울 수도 있다. 우리 종에 속한다는 이유만으로 태아에게는 특혜와 특권이 부여되는 것이다.

리처드 도킨스, 『이기적 유전자』

약 대부분의 사람들이 믿는 대로 생명이 존엄하다면, 태아는 고통을 느낄 수 있는 한 명의 인간인가? 만약 그렇다면 태아의 생명을 끝내는 것은 살아 있는 사람을 안락사시키는 것과 어떻게 구별되는가? 아직 태어나지 않은 자의 안녕이 원치 않는 임신을 하거나 장애아를 양육할 어려움, 비용, 걱정을 감내할 여성의 괴로움보다 우위에 있는가?

죽음에 대한 권리?

안락사 또는 존엄사라는 어려운 주제에도 위와 비슷한 논의가 제기된다. 의사, 변호사 그리고 종국적으로 법원은 계속해서 개인의 '죽음에 대한 권리'라는 논쟁적인 질문과 싸운다. 기준선은 대체로 적극적 안락사와 소극적 안락사 사이에 그려진다. (반드시 설득력 있는 기준은 아니다.) 적극적 안락사는 염화칼륨 투입과 같이 적극적인 행위로 사람의 죽음을 촉진하는 것을 의미한다. 대부분의 법체계는 이를 살인으로 본다. 소극적 안락사는 부작위로써 사람의 생명을 단축하는 것이다. 즉 환자에 대한 치료를 포기하는 것으로, 점차 여러 국가에서 법적으로나 의학적으로나 인도적인 행위로 인정받고 있다. 그러나 법원으로서는 식물인간 상태에 빠져 자기결정권을 행사할 수 없는 불치 또는 말기의 환자에 대한 연명치료를 중단하는 것이 언제 적법한지 가려내기란 결코 쉽지 않다.

환자의 생명을 언제 끝내야 윤리적이거나 적법한지는 일반적으로 말하기 어렵다. 예를 들어 그저 치유가 불가능할 뿐인 환자와 생의 말기에 다다른 환자 사이에는 중대한 차이가 있다. 말기 환자의 경우에도 생활이 불가능한 정도(의식이 있으며 스스로 호흡할 수 있음), 인공 생명유지 장치가 필요한 정도(의식이 있으나 산소호흡기 착용), 의식이 없는 정도, 집중치료가 필요한 정도(환자가 혼수상태이며 산소호흡기 착용)까지 다양한 스펙트럼이 존재한다. 각 상황에서 고려할 내용이 다르다.

법이 이러한 종류의 곤란한 윤리적 질문을 마주했을 때 발생하는 복잡함은 이 문제들이 정치 구호로 해결될 간단한 문제가 아님을 보여준다. '죽음에 대한 권리' '자율성' '자기결정' '생명의 존엄' 같은 구호는 이러한 논쟁에서 아낌없이 사용된다. 그러나 법은 구호를 넘어 공공의 이익에 맞는 세심한 답변을 내놓아야 한다. (글9 참조) 이 어려운 문제를 해결하기에 판사가 적임자라고 보기는 어렵겠지만, 달리 대안이 있는가? 영국과 미국에서 나온 다음의 두 판례는 법원의 당혹감을 보여준다.

먼저 영국의 판결은 1989년 축구 경기장에서 발생한 사고와 관련한 것이다. (2장 참조) 피해자 중 한 명인 앤서니 블랜드는 저산소성 뇌손상을 입고 식물인간이 되었다. 그의 뇌줄기는 제 기능을 했지만, 대뇌피질(의식, 의사소통, 수의운동을 담당한다)은 산소 부족으로 손상되었다. '법적으로는' 죽은 것이 아니었다. 당시 판사였던 호프만은 블랜드의 안타까운 상태를 다음과 같이 묘사한다.

그는 병원에 누워 있다. 액체로 된 음식을 고무 튜브로 코와 식도를 지나 배 속까지 흘려보낼 뿐이다. 그의 음경으로 삽입된 도관으로 방광을 비우는데, 때때로 염증을 일으켜 항생제와 붕대로 치료해야 한다. 뻣뻣해진 관절 때문에 굳은 팔은 가슴을 꽉 조이고 있으며 다리는 부자연스럽게 뒤틀려 있다. 입에서는 목구멍의 반사작용으로 계속해서 구토가 질질 흐른다. 이 모든 것들에도 그리고 교대로 방문하는 가족의 존재에도, 앤서니 블랜드는 아무런 의식이 없다. 어둠과 무의식은 그를 영원히 떠나지 않는다.

블랜드의 상태는 호전될 전망이 전혀 없었다. 주치의는 다른 처치는 지속하되 블랜드의 고통을 최소화하고 그가 존엄한 죽음을 맞을 수 있도록 산소호흡기 장착, 항생제 투여, 영양 공급을 멈추게 해달라고 법원의 허락을 구하였다. 반면 블랜드의 변호를 맡은 공인사무변호사(영국에서 장애인 등의 권익을 보호하는 변호사)는 치료 중지가 환자에 대한 의사의 주의의무 위반이며 형법상 범죄가 된다고 주장하였다.

영국 대법원(당시는 상원의 항소위원회)은 일단 자기결정권이 생명권보다 중요하다고 평가하였다. 그러므로 의사는 그 순서에 따라 환자의 권리를 존중해야 한다. 이는 환자가 식물인간 같은 상태에 빠질 때를 대비하여, 영양 공급 등 생명을 유지하기 위한 의학적 조치를 취하지 말라는 명백한 의사를 사전에 표시한 경우에 특히 설득력이 있다. 다섯 명의 재판관은 일단 블랜드의 삶을 끝내는 데는 동의하였다. 그러나 구체적으로 이에 적용할 법이 어떤 모습이어야 하는지 합의가 없

> **글9. 네덜란드 사례**
>
> 네덜란드의 법은 의사가 환자의 삶을 끝내기 전에 갖춰야 할 조건을 다룬 상당히 명료한 조문을 갖추었다.
>
> 자발적 안락사 또는 존엄사에 협력하기 위하여 의사는,
>
> 가. 환자의 요청이 자발적이고 영속적인 숙고의 결과라는 점에 확신이 있어야 한다.
>
> 나. 환자의 고통이 끊임없이 계속되며 견디기 어려울 정도라는 점에 확신이 있어야 한다.
>
> 다. 환자에게 현상황과 앞으로의 전망을 설명하였어야 한다.
>
> 라. 환자와 논의한 결과 다른 합리적인 대안이 없다는 결론에 도달했어야 한다.
>
> 마. 적어도 한 명 이상의 다른 의사와 상의했어야 한다.
>
> 바. 관련 절차를 의학적으로 적합한 방식으로 행하였어야 한다.
>
> – 네덜란드 형법 293조 2항

었다. 법원은 생명의 존엄성과 환자의 자율성을 모두 긍정하였다. 그러나 블랜드가 명시적으로 의사를 표시할 수 없는 상황에서 두 가치는 어떻게 조화될 수 있을 것인가? 고프 판사는 환자의 이익을 최대한 보호하는 것이 해답이라고 보았다. 그런데 아무런 감각이 없는 환자에게 무엇이 이익이 될까? 고프는 다른 이들의 고통과 어려움도 부분적으로 환자의 이익

에 포함된다고 보았다. 반면 다른 두 판사 키스와 무스틸은 회의적인 태도로 다음과 같이 주장했다.

다른 이들의 고통을 끝내는 것이 앤서니 블랜드에게 이익이 된다는 주장은 개인적 권리라는 개념의 한계를 넘어서는 과도한 확장으로 보인다. 의식이 있는 환자와 달리 그는 그의 몸에 무슨 일이 일어나고 있는지 모른다. 외면하지 말아야 할 불편한 진실은 지금 제안된 방안이 앤서니 블랜드에게 최선의 이익이 아니라는 것이다. 그는 어떠한 종류의 이익도 갖지 못하기 때문이다.

이러한 태도는 미국과 캐나다의 여러 법원에서도 비슷하게 채택되었다. 유명한 판결로 미국 대법원의 '크루전 대 미주리 보건부' 사건이 있다. 식물인간 상태가 된 딸의 부모는 비록 딸이 사전에 '생전유언장(living will)'을 남긴 것은 아니나, 평소 생각에 비추어보건대 식물인간으로 삶을 지속하기를 원치 않았을 것이 분명하다는 주장으로 법원을 설득하고자 하였다. 그러나 법원은 정부가 생명의 존엄과 그 보호에 이해관계가 있다는 이유로 생명의 유지를 선택하였다.

블랜드 사건에서 영국 대법원은 의사가 블랜드에게 영양과 수분 공급을 중단하여도 범죄가 되지 않는다고 보았다. 앞으로 블랜드가 회복하리라는 어떠한 전망도 없을뿐더러, 삶을 끝내는 것이 블랜드에게 최선의 이익인지 알 수 없다 하더라도 반대로 삶을 유지하여 얻을 이익도 마찬가지로 사라져버렸기 때문이다. 따라서 연명을 유지해야 할 의무는 정당화되지 않는다. 그리고 의무가 없는 이상 영양과 수분 공급을 중단해도 범죄가 되지 않는다.

그 밖에도 가슴 아픈 사건이 여럿 있었다. 최근 사건으로는 다발성 경화증을 앓던 데비 퍼디라는 영국 여성 사례가 있다. 그녀는 병을 견디기 어려워 삶을 끝내기로 결심하였다. 그러나 그녀가 스위스의 병원으로 죽으러 가는 것을 남편이 돕는다면 자살을 방조 또는 사주한 죄로 기소되지 않을까 걱정하였다. 1961년 제정된 자살방지법에 따르면 남편은 최고 14년의 징역형에 처해질 수 있었다. 이 사건은 결국 대법원까지 올라갔고, 대법원은 입법부가 법률을 명료하게 제정하지 못하여 실제로 어떻게 적용될지 알 수 없도록 만든 것이 인권법상 개인적, 가족적 권리를 침해했다고 결정했다. 판결은 퍼디의 사건과 같은 상황에서 자살방지법이 적용되는지 여부와 그 결과에 관하여 검찰총장이 명확하고 구체적인 지침을 세우도록 하였다. 이후 퍼디는 호스피스에서 생을 마감했다.

다른 나라 법원들도 이 어려운 딜레마를 피해 갈 수 없을 것이다. 다만 다음과 같은 내용을 담은 '생전유언장'이 있다면 그 어려움이 상당히 경감될 수 있다.

만약 육체적 정신적 불능의 결과로 본인에 대한 의학 처치와 치료를 스스로 결정할 수 없게 될 경우, 그 후에 아래와 같은 의학적 상태에 빠지게 되었고 둘 이상의 의사가 독립적으로 작성한 소견서에 따라 호전될 가능성이 없다고 판명된 경우, 본인은 인공 연명 장치에 의지해 삶을 연장하지 않겠다고 선언합니다.

앞서 본 생명과 죽음에 관한 두 가지 문제는 하나의 사건으로 합쳐지기도 한다. 최근 아일랜드에서는 임신부가 심각한 두부외상으로 뇌사 상태에 빠진 사건이 있었다. 뒤이은 다른 사건에서는 유산한 여성이 임신 중절할 곳을 찾지 못해 사망하기도 했다. 태아가 아직 살아 있었고 그녀의 생명에도 위험이 없어 보였기 때문에 병원에서는 임신 중절을 거부하였고 결국 그녀는 며칠 뒤 패혈증으로 사망하였다. 이 사건에는 세계적인 관심이 쏠렸고, 아일랜드의 엄격한 낙태 관련 법률에 여러 비판이 제기되었다.

보다 최근의 사건에서도 의사들은 임신부의 연명 장치를 제거해달라는 가족의 요청을 거부하였다. 연명 장치를 제거할 경우 의사는 과실치사 또는 살인의 책임을 질 위험이 있었다. 태아도 죽음에 이르게 될 것이었다. 이 사건을 맡은 아일랜드 최고법원은 아일랜드 헌법이 생명권을 보호함을 인정하면서도, 태아에게 '장래에 고통과 죽음만이 남아 있음'을 증언한 7

명의 의학 소견을 받아들였다. 태아는 연명 장치가 있더라도 살아남을 수 없었다. 법원은 임신부의 몸이 감염에 극도로 취약해지고 있고, 고열과 고혈압이 나타났으며, 균이 증가하고 있어서 어차피 태중 아이의 생명을 위협하고 있으므로 연명 장치를 합법적으로 제거할 수 있다고 판결하였다.

법원은 아일랜드 헌법의 낙태 금지가 정부로 하여금 임신부와 태아의 생명권 모두를 평등하게 보호하도록 의무를 부과한 것이라고 보았다. 그러나 임신부가 이미 사망한 경우라면 태아의 생명권이 '더이상 살아 있지 않은 임신부에 대한 비탄과 경의의 감정보다 우선해야 한다.' 재판관들은 태아의 출산일이 훨씬 더 가까운 유사한 사건이라면 다르게 판단할 가능성을 열어둔 것이다. 이 사건은 낙태 옹호론자와 여러 의료인들이 낙태를 금지하는 아일랜드 헌법의 개정을 요구하는 계기가 되었다.

고문

사람들은 오래전부터 정보를 얻거나 처벌을 가하기 위하여 고문을 이용해왔다. 십자가형에서부터 고문대, 손가락 꺾기, 그 밖의 여러 독창적인 중세 고문 기구에 이르기까지 잔인한 고통을 가하는 것은 수 세기 동안 심문관의 핵심 수단이었으며, 심지어 법원에서도 사용되었다. 1689년에 제정된 영국의 권리장전은 '잔인하고 비상식적인 처벌'을 금지하였고(이 규정은 미국 수정헌법 제8조에도 도입되었다), 이후에도 「유럽인권보호조약」 제3조, 1949년 「제네바협정」 제3조, 1966년 「시민적·정치적 권리에 관한 국제규약」 제7조, 1984년 「고문방지협약」 등 여러 선언에서 금지하고 있다. 그러나 여전히 고문은 여러 국가에서 행해진다.

가장 최근에는 미 의회 상원 정보위원회가 중앙정보국(CIA)의 억류 및 심문 프로그램에서 다양한 형태의 고문(또는 이른바 '선진 심문 기술')이 사용되었음을 보고하여 논란이 되었다. 보고서는 CIA의 이 프로그램이 활용된 범위를 다루면서 당국의 고문 활용이 잔인하고도 비효과적이었으며, 관계 당국은 그 효용에 관하여 거짓 보고를 계속해왔다고 결론지었다. 위원회 의장은 고문이 '많은 경우에 조작된 정보로 이어졌다'고 주장하였으며, 이 프로그램이 '미국의 가치와 역사를 훼손'했다고 평가하였다. 그러나 전 미국 부통령 딕 체니는 이 보고서가 '허튼소리', '결함투성이'이며 '끔찍한 엉터리 작품'이라고 말했다. 그의 말은 억류자에 대한 고문이 테러 공격을 저지하는 데 필요하고 효과적이므로 보고서는 잘못되었다고 비난한 여러 논자들을 대변한 것이었다.

이른바 '테러와의 전쟁'은 2001년 9월 11일에 발생한 테러

사건에 뒤이어 시작된 것으로, 여러 국가에서 고문을 합법화하는 테러 방지 입법의 급증을 초래하였다. 2006년 미국에서 제정된 군사위원회법(Military Commissions Act)은 '적 전투원'을 군사법정에 회부하고 사법심사 없이 무기한 억류할 수 있도록 하였다. 이에 따라 모멸적이거나 굴욕적인 심문으로 수집된 증거도 법원에서 사용이 가능해졌다.

고문의 정확한 정의나 적법성 또는 효율성 문제는 잠시 제쳐두자. 고문은 도덕적으로 정당화될 수 있는가? (글10 참조) 고문을 정당화하는 데 자주 사용되는 논리는 이른바 '시한폭탄 시나리오' 가설이다. 어느 유명한 테러리스트가 몇 시간 내로 터지는 핵폭탄을 설치해둔 채 그 장소가 어딘지 밝히기를 거부한다고 가정해보자. 이 가설의 지지자들은 시민 수천 명을 살리기 위하여 필요한 일이기 때문에 테러범을 고문하지 않는 것이 오히려 비도덕적이라고 주장한다. 여럿의 생명을 구하기 위하여 한 명을 고문하는 것은 정당하지 않겠는가? 표면적으로는 설득력 있게 들리는 이 주장은 그 상황이 작위적이라는 반박에 곧바로 부딪힌다. 그러한 상황은 한 번도 없었으며, 앞으로도 일어날 가능성이 거의 없다.

논쟁의 핵심은 결국 결과주의적 견해와 의무론적 관점의 차이로 요약된다. 전자가 더 큰 위험을 막기 위한 유일한 방법으로서 고문을 옹호한다면, 후자는 어떤 행동이 결과와 무관

글 10. 고문의 정당화?

우리는 고문에 대하여 **한계점 절대주의**(threshold absolutism)를 취하여야 한다. 고문은 부당하다고 고집해야 한다. 부당성이 없는 예외가 가능하다는 점을 인정하더라도 마찬가지이다. 직관적으로 생각해보라. 정의로운 전쟁에서 돌아온 병사들에게 우리는 기꺼이 훈장과 열병식을 제공하겠지만, 그가 고문자라면 흠칫 주저하게 된다. 무엇보다 우리는 사전에 공개된 법으로서나 비밀 정책으로서나 절대 고문을 허용해서는 안 된다. 전시 상황이라면 금지한들 고문이 퍼질 텐데 하물며 고문을 허용한다면야. 그러한 근본적 형태의 폭력은 사후에 사면되어야지, 사전에 허용될 것이 아니다. 정당한 고문조차 부당하다고 봐야 한다는 주장이 역설로 보일 수 있다. 그러나 그러한 역설은 인간의 조건 안에 있는 비극적 모습이며, 우리는 최선을 다하여 지옥의 한계점을 그려나가야 한다.

스타인호프(Uwe Steinhoff)의 『고문의 윤리학On the Ethics of Torture』
에 관한 그레고리 프리드(Gregory Fried)의 서평

하게 내재적으로 옳거나 나쁠 수 있으며 따라서 고문은 언제나 잘못되었다고 본다. 그러나 법이 명백하게 고문을 허용한다면 어떨까? 더쇼비츠(Alan Dershowitz) 교수는 우리 사회의 안전을 위협하는 극단주의자에 대항하여 고문만이 심각한 피해를 막을 수 있는 유일한 방법으로 보일 때에는 법이 이를 허

용하여야 한다고 주장하여 논쟁을 불러일으켰다.

문제는 시한폭탄 시나리오에서 고문을 사용할지 말지가 아니다. 고문은 당연히 사용될 것이다. 진짜 딜레마는 사전에 확립된 법적 절차에 따라 공개적으로 이루어질 것인가, 아니면 현행법을 위반하여 비밀리에 이루어질 것인가이다. 이것이야말로 지금 논의를 시작하고자 하는 중요한 정책상의 문제이다. 즉 악한 선택지 이외에 다른 해결책이 없을 때 민주주의 사회가 어떻게 그 악한 선택을 하는 것이 바람직한가 하는 문제이다.

그러나 아무리 안전이 위협받는 상황이라 하더라도 '고문허가' 개념을 인정하는 것은 시민의 자유를 옹호하는 이들에게는 목에 가시가 걸린 듯 불편할 것이다. 일반적으로 부도덕하다고 인정되는 행위를 법원이 공식적으로 허용하여 적법하다고 인정하는 것이기 때문이다. 고의로 잔인한 형벌을 가하는 문제에 판사를 끌어들여야만 하는가? 물론 민주 사회에서 고문이 법의 통제를 벗어나 은밀한 방식으로 일어나기보다는 '책임의 레이더 화면' 위에서 이루어지도록 보장하는 것은 중요해 보인다. 그러나 이러한 접근이 실제로 이를 집행해야 할 사람들, 즉 판사들에게도 환영받을지는 의심스럽다. 테러리즘의 발흥과 이슬람국가(IS) 같은 극단 세력의 출현에 대항하는 동안 이러한 질문을 피하기는 어려울 것이다.

자연스러운 것

윤리적 질문은 아리스토텔레스 이래로 철학자들을 사로잡았다. 자연법 이론은 현실과 당위 사이의 갈등을 해결하고자 하였다. 그 근본적인 주장은 간단히 말하자면 본래 그러한 상태(naturally is)가 바로 당위(ought to be)라는 것이다. 자연에 있는 것은 좋은 것이다. 우리는 그 상태를 추구해야 한다. 재생산은 자연스럽다. 그러므로 우리는 자손을 낳아야 한다. 로마의 법률가였던 키케로는 이렇게 말한다.

진정한 법은 자연에 부합하는 올바른 이성이다. 변치 않고 영원하며 보편적으로 적용된다. (⋯) 이 법을 바꾸려 드는 것은 죄악이고, 그중 일부를 폐지하는 것도 허용되지 않으며, 전부를 폐지하는 것은 불가능하다. (⋯) 신이 이 법의 입안자이자 반포자이며, 집행하는 재판관이다.

자연법에 관한 현대적인 논의는 가톨릭교회의 영향을 많이 받았다. 특히 성 토마스 아퀴나스(1225~74)의 세심한 작업이 중요하다. 그의 대표작인 『신학대전Summa Theologiae』은 이 주제와 관련된 기독교 원리들을 가장 포괄적으로 담은 저술이다. 17세기 유럽에서 이루어진 법의 완전한 분화는 자연법에 근거하였다고 알려져 있다. 그로티우스라는 이름으로 알려진 휘호 더 흐로트(Hugo de Groot, 1583~1645)는 자연법의 세속화와 관련이 깊다. 그는 영향력 있는 저서 『전쟁과 평화의 법 De Jure Belli ac Pacis』에서 신이 존재하지 않더라도 자연법에는 동일한 내용이 담길 것이라고 단언했다. 이것으로 국제공법이라는 새로운 분야의 기초가 만들어졌다.

18세기에는 영국의 블랙스톤(William Blackstone, 1723~80) 경이 『영법석의Commentaries on the Laws of England』에서 자연법의 중요성을 역설했다. 블랙스톤은 고전적인 자연법 원리를 옹호하면서 그의 위대한 저작을 시작했는데, 마치 신의 원리에 호소하여 영국 법을 축성하려는 듯하다. 그러나 공리주의 철학자이자 법·사회 개혁가 제러미 벤담은 자연법이 '하찮은 공상에 불과한 것'이라고 하며 블랙스톤의 태도를 격하게 비판하였다.

벤담의 경멸에도 불구하고 자연법은 혁명을 정당화하는 데 이용되었다. 미국과 프랑스의 혁명이 대표적이다. 법이 개인의 **자연적** 권리를 침해하였다는 것이 근거였다. 영국의 식민통치에 대항하여 일어난 미국 독립혁명은 모든 미국인의 자연권에 대한 호소가 기초가 되었다. 이는 1776년 미국 「독립선언문」에 '생명, 자유, 행복의 추구'라는 인상적인 말로 표현되어 있다. 선언문에 따르면 '우리들은 다음과 같은 사실을 자명한 진리로 받아들이는바, 모든 사람은 평등하게 태어났고, 창조주는 몇 개의 양도할 수 없는 권리를 부여했으며, 그 권리 중에는 생명과 자유와 행복의 추구가 있다'는 것이다. 1789년 8월 26일 프랑스의 「인간과 시민의 권리선언」에도 인류의 '자연권'이 거론되며 비슷하게 격정적인 감상이 표현되어 있다.

그리고 자연법 이론은 뉘른베르크의 나치 전범 재판을 함축적으로 뒷받침하였다. 행위 당시에 구체적인 실정법을 위반하지 않았다 하더라도 특정한 행위는 '인류에 대한 범죄'를 구성한다는 원칙을 확립한 것이다. 이 재판의 판사들이 자연법 이론을 명시해 원용하지는 않았지만, 그들의 판결은 법이 선악을 구별하는 유일한 잣대가 아님을 인정하는 전형적인 예가 된다.

우리는 공공 책임이 확대된 시대를 살고 있다. 더 구체적으로 말하면 우리는 이제 인종학살을 비롯한 반인류 범죄의 가해자들을 기소하고자 하며, 반대로 사악한 정부 관료와 그 부역자들, 군사 지휘관들이 누리던 면책특권은 점차 사라지고 있다. 최근 헤이그에 국제형사재판소를 설립한 것은 사악한 독재자와 그 심복들이 처벌을 모면해서는 안 된다는 철저한 다짐이다. 비록 현재 미국 정부는 사법 문제에서 미국의 주권이 약화되고 미군이 기소될지도 모른다는 우려 때문에 이에 반대하고 있지만, 장래에는 태도를 변경할 수 있다. 국제형사 재판소의 관할권은 '국제 공동체 전체가 우려할 만한 가장 심각한 범죄'로 제한된다. 여기에는 인도에 반하는 죄, 인종학살, 전쟁범죄, 침략범죄가 포함된다.

이 글을 쓰는 현재 이 재판소에서는 9개 사건을 조사중이며, 모두 아프리카 사건이다. 재판소는 36명을 기소하였고, 추가로 28명에게 체포영장을 발부하였다. 25명에 대한 재판 절차가 현재 진행중이다.

인권

인권의 개념을 언급하지 않고 법과 도덕을 진지하게 분석하기란 불가능하다. 1215년에 마그나카르타로 개인의 자유의 중요성을 선언한 이래로, 모든 민주 사회의 사법체계는 적든 많든 개인권이라는 관념을 체현한 법치주의에 찬동한다. (1장에서 이미 논했다.) 오늘날 도덕적 주장은 도덕적 권리로 전환되는 경우가 많다. 각 개인은 삶, 직업, 건강, 교육, 주거 등 광범위한 대상에 권리를 주장하며, 국민들은 자기결정권, 주권, 자유무역의 권리를 주장한다.

법적 차원의 권리는 이제 너무나 큰 중요성을 획득한 나머지 법 자체와 동일시되는 경우가 많다. 정치적 권리의 보장은 현대 민주국가의 지위를 상징하는 것으로 이해된다. 그리고 대립하는 권리 사이에 불가피하게 일어나는 충돌은 자유로운 사회의 독특한 특성 중 하나이다.

국제 영역에서 인권 협약과 선언의 모음은 권리 담론의 힘을 증명한다. 1948년 「세계인권선언」과 1976년 「시민적·정치적 권리에 관한 국제규약」, 「경제적·사회적·문화적 권리에 관한 국제규약」은 적어도 이론적으로는 국제 공동체가 인권 보호라는 보편의 신념에 헌신하고 있음을 보여준다. 국가 간 협력이 여러 문화 사이에서 놀라운 정도로 이루어지고 있는 것이다.

다만 전 세계에 테러리즘의 위협이 점증함에 따라 자유와 안전 사이에는 새로운 갈등이 발생한다. 이는 6장에서 살핀다.

제 4 장

법원

법원(Courts)은 법의 화신이다. 더 거창한 언어로 법과 사법체계를 묘사하자면 판사는 법의 관리인이자 그 가치의 수호자이며, 정의와 공정함의 초병이다. 우리는 판사를 공평, 공명정대, 불편부당의 체현자로 생각한다. 그리고 사법부의 독립은 법치주의의 중요한 특징이다. 법학자 드워킨은 "법원은 법의 제국의 수도이며, 판사는 그 왕자이다"라고 인상 깊게 논평하였다.

그러나 판사가 항상 이렇게 고결한 호칭들로 인정되는 것은 아니다. 유명한 영국 판사의 말을 보자.

대중의 관점은 다종다양하다. 한결같지도 않고, 종종 호의적이지도 않다. 망령이 든 것마냥 현실을 모르다가, 다음 순간에는 상세하고도 엄중한 취조자가 된다. 만취한 공룡마냥 불운한 잡범에게조차 맹렬한 형벌을 선고하길 원하다가, 다음 순간에는 미지근한 자유주의자가 되어 어떠한 범죄도 제대로 처벌하지 못하게 한다.

특히 대중의 흥미를 끄는 것은 형사재판에 나선 판사의 역할이다. 소설가, 극작가, 영화·드라마 작가는 법원에서 이루어지는 극적인 상황에 거부할 수 없는 매력을 느낀다. 영미 문화권에서도 여러 작가를 즉시 떠올릴 수 있다. 디킨스의 『황폐한 집』은 훌륭한 예시이다. 알베르 카뮈의 『전락』이나 프란츠 카프카의 『심판』, 사법 절차를 흥미롭게 그린 하퍼 리의 『앵무새 죽이기』, 스콧 터로의 『무죄추정』, 존 모티머의 『베일리의 럼폴』 시리즈 그리고 존 그리샴의 베스트셀러 소설을 비롯한 많은 작품이 있다. 셰익스피어는 『베니스의 상인』에서 재판 절차와 정의의 이상을 탁월하게 묘사한다. 영화에서도 법정 드라마가 쏟아진다. 「뉘른베르크의 재판」, 「검찰측 증인」, 「살인의 해부」는 고전 명작이다. (물론 현실보다 드라마에 치중되어 묘사되기는 하지만) 여러 성공적인 TV 드라마에도 법원과 변호사가 등장한다. 최신작으로 「굿 와이프」, 「앨리 맥빌」, 「더 프랙티스」, 「LA 로LA Law」를 들 수 있을 것이다.

왜 법정 절차가 흥미롭고 매혹적인지는 쉽게 알 수 있다. 형사재판의 무대는 박진감이 넘친다. 법률가의 충돌, 피고인의 불확실한 운명, 충격적인 증거는 관음증과도 같은 호기심과 흥분을 자아낸다. 사법 절차에 대한 허구적 묘사 못지않게 실제 재판도 극적이고 흥미진진하다. 특히 미국에서는 텔레비전으로 생중계되기도 한다. 유명 인사가 재판을 받을 때면 수많은 시청자들이 법정의 카메라를 통해 관전한다. 기소된 범죄 내용이 섬뜩할수록 더 재미있다. O. J. 심슨〔미식축구 선수 출신의 배우로 살해 혐의로 기소되었다〕이나 오스카 피스토리우스〔남아공의 의족 스프린터로 여자친구 살해 혐의로 기소되었다〕, 필 스펙터〔미국의 음악 프로듀서로 여배우 살해 혐의로 기소되었다〕 사건은 전 세계에서 수백만 명이 시청하였다. 그러나 이 정도로 생동감 있고 화려한 재판은 거의 없다. 대부분 따분하고 지루하다.

매력적인 증거들로 활기찬 형사재판과 달리, 민사재판은 일반적으로 짜릿함이 부족하다. 법원은 분쟁을 해결하기 위하여 참여한다. 각 당사자를 대리하러 나온 변호사는 사건에서 법원을 자기편으로 설득하려 애쓴다. 영미법계에서 한쪽은 과거의 판례를 인용하면서 현재 사건이 선례와 충분히 유사하므로 이를 따라야 한다고 주장한다. 다른 쪽은 미묘한 차이를 강조하면서 사건을 판례와 구별하고자 한다. 이것이 법률 논증의 본질이다. 패소한 당사자가 항소하면 더 선임인 판사(senior judge) 앞에서 다시 논쟁하게 된다.

판사는 의심할 나위 없이 막중한 책임을 진다.

판사 앞으로 다가가 그의 최종 판결을 기다리는 건 멋진 일이다. 그는 개념적인 정의와 조직화된 강제력, 이성적인 인간과 야수 같은 대중의 통합을 상징한다. 그는 그가 속한 문화의 이상을 품고 있으며 복종을 강제할 힘을 체현하고 있다. 그의 앞에 선 시민은 즉각 그 힘을 느낀다. 모든 힘은 그에게 결집되고 집중되어 있다.

영미법에서 판사는 핵심 역할을 맡는다. 사법 기능의 중심축이 되어 이론적으로나 실무적으로나 사법체계를 움직인다. 대륙법의 성문법 체계에서는 상대적으로 중요성이 떨어진다고 하나 판사의 영향력은 아무리 강조해도 지나치지 않다.

판사는 사법기관의 원형이다. 판사는 법복을 입은 고귀한 독립 기관으로서 정의의 이상을 대변한다. 그가 공동체에 제공하는 '사회 서비스'는 영국 판사 데블린의 말에 따르면 '부정의의 정신을 제거'하는 것이다. 분쟁을 해결하는 과정에서 그의 판단에 영향을 미치는 중립성은 자유롭고 정의로운 사회에 대한 신념과 다르지 않다. 감정에 휘둘리지 않는 판사는 민주적인 정치체제의 정수이다. 그리고 입법과 사법의 표면적 구별은 이 정치체제의 가장 중요한 특징이다.

비록 사법 기능의 매력과 영속성은 신화일 뿐이라는 냉소적인 시각도 있지만, 아무리 회의적인 사람들도 판사로부터 법의 수문장이자 정의의 보호자라는 이미지를 벗겨내기는 어렵다. (글11 참조) 물론 판사가 개인적인 선호나 정치적 편견에 오염될 수 있음을 부정하긴 어렵다. 우리 모두가 그렇듯이 말이다. 사법의 취약함을 인정하는 것은 어떤 점에서는 체제 전복적일 수 있다. 미국의 유명한 판사 벤저민 카르도조의 말마따나 "마치 판사들이 인간적 한계에 종속된 존재라는 것이 상기되면 사법에 대한 존중과 자부심을 잃게 되는 듯이" 말이다.

법원은 어느 사법체계에서나 중심 역할을 한다. 그런데 그 역할은 구체적으로 무엇인가? 판사의 정치적 기능은 무엇인가? 그들은 어떻게 임명, 선출되며 어떤 책임이 있는가? 배심원제도는 형사 정의를 집행하는 데 가치 있는 요소인가? 특히 복잡한 경제 범죄의 형사재판에서도 그러한가? 영미법 국가들의 대심주의 체계가 대륙법 국가의 규문주의 체계보다 우월한가? 법원만이 분쟁을 해결하는 최적의 장소인가? 판사가 진정으로 공정하고 객관적일 수 있는가? 형사재판의 목적은 무엇인가? 예컨대 미국 연방대법원 같은 법원은 지나치게 정

> **글11. 판사의 도덕적 책임**
>
> 판사는 누가 무엇을 가져야 하는가를 판단해야 할 뿐 아니라, 누가 올바르게 행동했는지, 누가 시민으로서 책임을 다했는지, 누가 계획적으로 또는 탐욕으로 또는 무신경하게 자신의 책임을 이행하지 않았거나, 타인에게 자기의 책임을 과도하게 요구했는지를 판단해야 한다. 만약 이 판단이 공정하게 이루어지지 않는다면, 사회는 구성원에게 도덕적 침해를 가하는 것이 된다. 왜냐하면 이 판단은 그 구성원을 일정한 정도 또는 일정한 차원에서 범법자로 낙인찍는다는 것을 의미하기 때문이다. 무고한 자가 유죄 판결을 받을 때 그 침해는 매우 크며, 정당한 주장을 하는 원고의 청구가 기각되거나 피고가 부당하게 오명을 뒤집어쓰는 경우에도 침해는 상당하다.
>
> 로널드 드워킨, 『법의 제국Law's Empire』

치적이지 않은가? 배심원제도는 효율적이고 공정한가? 이 질문들에 관하여 이 장에서 살핀다.

판사는 무엇을 하는가?

판사가 사건을 어떻게 판결하는지에 관한 수수께끼를 풀기 위하여 우리는 먼저 법 자체의 의미가 무엇인지 탐구해야 한다. 판사가 판결을 내리는 데 판단의 전제가 되는 법을 구성하는 것이 무엇인지에 관한 이론을 짚을 필요가 있다. 전통적인 견해인 이른바 '법실증주의자' 모델은 법을 규칙의 체계라고 본다. 규칙이 일정 정도 모호하고 불확실하거나 적용 가능한 규칙이 없는 경우에 판사는 법의 간극을 메울 재량권이 있다. 이 관점은 하트 교수와 깊은 관련이 있다. 그를 비롯한 법실증주의자들은 일반적으로 법을 도덕적 기준이 아닌 형식적 기준에서 바라본다. 그들이 취하는 '과학적' 법 연구 방법에 따르면 법이 현재 **놓여 있는**(positum) 상태는 법이 도덕적으로 응당 **그래야 하는** 상태와 구별되어야 하며, 전자만이 연구와 분석의 대상이 된다. 달리 말하면 '당위(도덕적으로 바람직한 것)'와 '현실(실재하는 것)'이 엄격히 구별되어야 한다는 것이다. 실증주의자들이 공유하는 시각에 따르면 법과 사법체계를 **분석**하고 **이해**하는 가장 효과적인 방법은 설명하고자 하는 대상이 확립될 때까지 도덕적 판단을 유보하는 것이다.

드워킨 교수는 이러한 시각에 가장 강력한 반론을 제기한 사람이다. 그는 법이 (모 아니면 도 방식으로 적용되는) 규칙만으로 이루어졌다는 생각을 거부한다. 규칙에 더하여 비규칙적인 기준으로서 '원리'나 '정책'이 존재한다는 것이다. 이는 규칙과 달리 '경중 또는 중요성의 차원'을 갖는다. '원리'는 '경제, 정치, 사회 상황을 발전시키거나 보호하기 때문이 아니라 정의, 공정성, 그 밖의 도덕적 차원의 요구를 만족시키기 때문에 준수되어야 할 기준'이다. 이와 달리 '정책'은 '일반적으로 공동체의 경제, 정치, 사회 발전이라는 형태로 제기되는, 추구해야 할 목표로서의 기준'이다.

바로 적용 가능한 규칙이 없을 때 또는 확립된 규칙들로 결정을 내리기에는 미흡할 때, 판사는 서로 대립하는 원리를 비교형량한다. 이때 원리는 규칙이 아니지만 법의 일부가 된다. 판사는 이처럼 '어려운 사건'을 만났을 때 개인적 선호에 따라 결론을 내려서는 안 된다. 따라서 실증주의자의 관점과 달리 그에게는 재량권이 없다. 언제나 옳은 답은 하나뿐이며, 판사는 사건에서 대립하는 원리를 비교형량하여 당사자의 정당한 권리를 판명해야 할 임무를 맡는다. 이러한 판결 모델은 민주주의 이론의 관점에서 매력적이다. 판사는 법을 만들지 않는다. 국민의 대표자들이 입법부에서 이미 권리의 주요 부분을 제정해두었으며 판사는 그저 그 집행만을 담당하는 것이다. 드워킨의 이러한 논지는 '법에 관한 자유주의적 이론을 정의, 옹호'하고 실증주의자에 반대하여 '권리를 진지하게 고려'하려는 시도에서 온 것이다. 민주주의로부터 도출된 주장인 것이다. 과도한 사법 재량권을 제한하려는 드워킨의 시도는 일반적으로 판사들이 선출되지 않은 관료이기 때문에 유권자의 견제에서 벗어나 있음에도 입법부와 유사한 권력을 행사한다는 비판에서 나온 것이라고 볼 수 있다.

법원이란 무엇인가?

사람 사이의 갈등은 도처에 존재하므로 우리에게는 분쟁을 공정하게 해결할 장소가 필요하다. (글12 참조) 모든 사법체계는 그 전제 조건으로 어떤 형태이든 법원을 필요로 한다. 법원은 특정한 형사, 민사, 그 밖의 문제에 대하여 권력과 권위가 있다. 이를 법률가들은 '관할권'이라고 말한다. 이는 당사자들이 (종국적으로는 강제력이 있는) 법원의 결정을 권위 있는 것으로 받아들인다는 의미이다. 그렇지 않고 당사자가 재판정의 판사라는 직업의 독립성과 공명정대함을 불신한다면 권위를 부정하려 할 것이다.

법원도 실수를 한다. 판사도 인간적 나약함에서 자유로울수 없으므로, 과오를 저지르면 바로잡을 수 있어야 한다. 형사 사건에서 잘못 기소되어 피고인이 명백히 부당한 상황에 놓이게 되었다면 항소할 권리를 줌으로써 문제를 다소 해결할

글12. 공정한 재판을 받을 권리

모든 사람은 재판에 있어서 평등하다. 모든 사람은 그에 대한 형사상의 죄의 결정 또는 민사상의 권리 및 의무의 다툼에 관한 결정을 위하여 법률에 의하여 설치된 권한 있는 독립적이고 공평한 법원에 의한 공정한 공개심리를 받을 권리를 가진다.

－「시민적·정치적 권리에 관한 국제규약」 제14조 제1항

수 있다. 마찬가지로 민사사건에서 패소한 당사자도 사실심법원의 판단이 잘못되었음을 입증할 정당한 근거가 있을 수 있다. 상급 법원에 항소가 가능하려면 '일차적인' 법원과 항소를 담당하는 법원을 구별하는 위계질서가 필요하다. 어떤 사실심법원은 판사와 배심원으로 구성되기도 한다. 배심원은 판사의 지시에 따라 사실관계를 확정할 책임이 있으며 판사는 법률적 판단을 한다. 이 조합에 따라 법원의 판결이 내려진다. 사실관계와 법률적 판단을 모두 판사가 담당하는 법원도 있다.

영미법에서 항소법원은 사실심법원이나 하급 항소법원의 판결을 심사한다. 그 임무는 일반적으로 법률과 관련한 문제로 제한된다. 사실심법원이 법률을 제대로 해석하고 적용했는지만 판단하는 것이다. 다만 일반적으로는 사실관계와 관련하여 증거를 제출 받지 않는다. 다만 새로운 증거가 발견된 경우에 항소법원은 사건을 다시 심리해 사실심법원으로 환송할지 여부를 판단하고자 새로운 증거를 검토할 수 있다.

소송 절차는 법원마다 다를 수 있는데, 나라에 따라서는 절차가 지나치게 복잡하고 방대해지기도 한다. 형사재판의 경우는 판사의 역할의 기준에 따라 다양한 모습으로 차이를 보인다. 영미법계는 '대심주의' 제도를 채택하는 반면 대륙법계는 '규문주의' 또는 '탄핵주의' 제도를 채택한다. 그 차이가 곧잘 과장되기는 하지만, 실제로도 두 제도는 상당히 근본적인

면에서 다르다. 영미법계 판사는 중립적인 심판으로 활동하고
싸움의 진흙탕 속으로 거의 들어가지 않지만, 대륙법계 판사
는 재판에서 보다 적극적인 역할을 수행한다.

대륙법계의 수사판사(juge d'instruction)는 기소 여부를 결
정하는 데 직접 관여한다. 이는 프랑스에서 유래하여 스페인,
그리스, 스위스, 네덜란드, 벨기에, 포르투갈 등 여러 유럽 국
가에 존재하는 제도이다. 수사판사는 흔히 검사와 판사가 혼
합된 것으로 이해된다. 그러나 엄밀히 말하면 수사판사는 독
자적으로 수사 개시를 할 수 없다. 수사판사와는 완전히 독립
된 기관에 속한 검사가 수사를 청구해야 한다. 수사판사의 주
된 임무는 이름 그대로 피고인에게 유리하거나 불리한 증거
를 모으기 위하여 수사하는 것이며, 이를 위하여 피고인을 심
문할 권한이 있다. 이들은 범죄 현장을 방문할 수 있으며 모든
사후 검증에 참여할 수 있다. 수사 과정에서 필요하다면 구금
또는 보석을 명할 권한이 있으며, 증거물을 수색 또는 압수할
수도 있다.

수사판사의 역할은 피고인을 기소할지 여부를 결정하기 위
하여 증거를 수집하는 것일 뿐 사건의 본안을 판단하는 것이
아니라는 점이 중요하다. 수사판사가 기소를 결정하면 사건은
수사판사의 판단에 구속되지 않는 완전히 별개인 재판법원으
로 이송된다. 그러므로 수사판사의 기능은 기소 가능한 기준

을 넘겼는지 판단하기 위한 증거를 검토하는 것이라는 점에서 영미법계에서 수감 여부를 결정하는 절차나 미국의 대배심제와 크게 다르지 않다. 대배심제는 판사의 감독하에 검사의 지휘를 받으며 피고인에 반하는 증거를 수집하기 위하여 증인을 소환할 권한을 갖는다.

두 주요 체계는 모두 장단점이 있다. 영미법계 법률가들은 영미법이 대륙법에 비해 무죄추정 원칙을 더 중하게 인정한다고 생각하는 경향이 있다. 영미법은 검사에게 '합리적으로 의심할 여지가 없는' 입증이라는 무거운 부담을 지운다는 것이다. 그러나 잘못된 생각이다. 본질적으로 동일한 권리와 보호를 누린다는 점에서 이탈리아나 프랑스 법원의 피고인이 플로리다의 피고인과 다르지 않다. 모든 민주 국가는 무죄추정 원칙을 인정한다. 실제로 「유럽인권보호조약」 제6조는 47개 회원국 모두에게 이를 준수하도록 하고 있다.

물론 영미법의 대심주의에도 비판이 따른다. 형사재판에서 영미계 법률가를 부끄럽게 만드는 터무니없는 결론으로 끝나는 경우가 있는데, 특히 미국에서 잦은 편이다. 변호사들이 대심 절차를 제도의 목적과 상관없이 악용하기 때문에 우스꽝스러운 상황으로 치닫는 것이다. 주로 방송에 보도되는 유명 인사를 다루는 재판에서 고액의 수임료를 받은 변호사들이 카메라와 배심원들을 향해 쇼에 가까운 변론을 펼치는 경우이다. 나아가 대륙법계 법률가들은 영미법 체계에서 대규모 변호인단을 꾸릴 수 있는 부유한 피고인에게 절차가 훨씬 유리하게 진행되는 것을 보면서 충격을 받는다. 최근 사례로는 O. J. 심슨이나 마이클 잭슨의 재판을 들 수 있을 것이다.

영미법계에서 형사책임의 추궁은 정부나 국가, 영국의 경우 왕의 이름으로 피고인에게 공소를 제기하는 방식으로 이루어진다. 일반적으로는 이에 앞서 공소 제기의 증거가 적절한지를 판단하는 예비심문 절차가 있다. 검찰측은 입증책임을 부담하기 때문에 피고인에 대항하여 증인을 소환하고 증거를 제시한다. 피고인은 '공소기각을 구한다'고 항변할 수 있다. (일반적으로 그러하듯이) 항변이 받아들여지지 않는 경우 피고인도 증인과 증거를 제시한다. 양측은 증인에 대하여 반대심문을 하게 되지만 피고인은 '묵비권'을 행사할 수 있다. 그러나 피고인이 묵비권을 포기하고 증언하고자 한다면 반대심문의 대상이 된다. 미국에서 이 권리는 수정헌법 제5조로 보장된다. 이후 양측은 최종변론을 한다. 배심원이 있는 경우라면 판사가 지시 사항을 전달한다. 그리고 배심원들은 별도의 장소에서 토론을 한다. 몇몇 국가에서는 배심원이 만장일치로 의견을 모아야 하지만, 과반수로 충분한 곳도 있다.

선고

유죄가 인정되면 피고인에게 선고가 내려진다. 선고 전에 법원은 일반적으로 피고인의 과거 범죄 이력이나 그 밖에 참작할 정상(情狀)이 있는지 살핀다. 특히 금고 이상의 형이 내려질 경우 피고인의 배경에 관한 상세한 보고서가 만들어진다. 피고인의 교육 수준, 가족 사항, 과거 직장 등이 대상이다. 피고인의 평소 생활 태도에 대한 증거나 증인, 정신병력 같은 의료 기록도 보고서에 포함될 수 있다. 불우한 환경과 궁핍한 삶의 희생자라는 점을 들어 변호인이 감형을 구하는 경우도 있다. 가난, 타인에 의한 학대, 가정폭력, 그 밖에 피고인이 어찌할 수 없는 여러 강력한 요인을 들어 범죄의 책임을 돌리는 것이다.

당연하게도 모든 사법체계에는 재판법원이 선고할 수 있는 형의 범위가 다양하게 존재한다. 징역, 벌금, 보호관찰명령, 봉사활동명령, 집행유예(예컨대 징역형을 2년간 유예하는 것이다. 이 기간중에 다른 범죄를 저지르는 경우 유예된 형이 집행된다) 등이 가능할 것이다.

피고인에게는 상급 법원에 항소할 자유가 있다. 영미법계 항소법원은 변론을 다시 열지는 않고 재판을 처음부터 다시 열어야 할 과실이 있는지 기록으로 살펴본다. 검찰측도 선고형이 너무 관대하다는 이유로 항소할 수 있다.

민사재판

민사재판은 형사재판에 비해 영미법계와 대륙법계의 차이가 두드러지지 않는다. 다만 예외적으로 프랑스에서는 재판정에서의 민사소송은 거의 사라졌다고 해도 과언이 아니다. 예심판사(juge de la mise en etat)가 진행하는 사전심리제도가 강화되면서 변론과 증거 제출이 서면으로 이루어지게 되었다. 본안에 돌입해도 변호사는 법원에 이미 제출한 서면을 그저 요약하는 역할에 그친다. 뿐만 아니라 프랑스 민법상 입증의 정도는 형사재판과 동일하게 높다.

대륙법 국가에서는 '보통의' 평판사들이 '보통의' 법원을 관장한다. 대략적으로 민법, 상법, 형법 그리고 이를 보충하는 규칙들을 적용한다고 볼 수 있다. 프랑스의 사법 구조에서 최고법원은 파기원으로, 재판판사(conseillers) 85명과 부판사 40여 명이 6개 특별 재판부(민사부 5개, 형사부 1개)를 순환 근무한다. 특별한 경우에는 합동부 또는 전원합의부가 구성되기도 한다. 독일은 여러 개의 독립된 법원 구조를 가지며, 각기 독립적인 대법원을 두고 있다. 대부분의 대륙법계 국가에서는 행정법원이 별도의 관할을 갖기도 한다.

영미법계 사법체계는 민사재판에서도 대심주의 절차를 채택한다. 정부나 왕이 소송을 주재하는 것이 아니라 피해를 입은 원고(또는 청구인)가 피고에 대하여 소송을 걸어 금전 배상

등의 형태로 손실의 보전을 꾀한다. 불법행위나 계약 위반 등이 사유가 된다. 양측 당사자는 자유롭게 증인을 부를 수 있으며 증거에 관한 규칙도 대체로 형사재판과 유사하다. 다만 형사재판의 경우에 입증의 정도가 '합리적으로 의심 없는 수준'인 것과 달리, 민사재판에서 원고는 '개연성의 균형'이 있는 정도로 증명하면 된다는 점이 결정적인 차이점이다.

판사는 누구인가?

(미국만을 제외하고) 영미법계에서 판사는 일반적으로 고참 변호사 중에서 선발되는 반면 대륙법계에서는 공무원처럼 임용된다. 전문적인 근무 경력 없이도 대학을 졸업한 직후에 공적 시험의 형태로 선발되는 것이다. 직업의 출발선에서부터 곧바로 판사로 시작하는 셈이다. 이 모델의 경우 직업적인 훈련은 법원 내에서 이루어지며 각 판사는 근무 성과에 따라 진급한다. 공적 경쟁이 판사로 하여금 전문 지위를 획득하게 하고 사법권의 독립을 유지하는 효과적인 방법이라고 본다. 그러나 이와 같은 승진 경쟁 탓에 행정부로부터 진정한 사법 독립이 저해될 여지도 있다. 정치 편향이나 정실인사를 방지하기 위한 내부의 노력이 있긴 하지만 말이다. 나아가 영리 영역의 수익성이 일반적으로 공공 영역보다 좋기 때문에 재능 있

는 법학도들이 공직을 기피할 가능성도 있다.

미국 모델은 복잡하다. 연방법원은 대법원, 순회항소법원, 지방법원이라는 세 단계로 나뉜다. 헌법에 따라 미국 대통령은 이 세 법원 모두에 판사 후보를 지명하고 상원과 협력해 임명할 권한이 있다. 법무부와 백악관 참모로부터 추천을 받은 대통령이 후보를 지명하여 상원으로 보내는 것이다. 법무부가 예상 후보자들을 선별하면 연방수사국(FBI)이 후보를 조사하는 절차를 거친다. 미국 변호사협회로부터도 후보가 적합한지 의견을 수렴한다.

백악관 참모들도 중요한 역할을 한다. 이들은 법무부, 상원의원들과 협력하며 하원, 주지사, 변호사협회 등의 추천도 검토한다. 대통령이 후보를 지명하면 상원 사법위원회는 후보자의 자격을 면밀히 조사한다. 상원이 지명자에 대한 동의를 거부하면 대통령은 새로운 후보를 올려야 한다. 논란의 여지가 적은 후보라면 주로 만장일치로 승인된다. 그러나 논쟁적인 후보가 지명되면 격론이 뒤따른다. 대통령이 지명한 총 151명의 후보자들 중에서 12명만이 공식적으로 상원에서 거부되었다. 후보자가 상원의 동의를 얻는 데 성공하면 대통령이 공식적으로 판사에 임명하게 된다.

상원의 방해나 이념 지향이 뻔한 시스템 등 지금까지 묘사한 임명 절차에 관한 비판이 상당하다. 비판자들은 현재의 절차가 사법부의 독립을 훼손한다고 주장한다. 반면 제도를 옹호하는 사람들은 대통령과 상원이 연방 차원에서 사법부의 구성과 지위에 관한 적법하고도 적절한 심사를 담당하는 것이라고 본다.

각 주법원 이하를 보면, 20개 주에서는 놀랍게도 판사가 투표로 선출된다. 이는 영미법계와 대륙법계를 불문하고 다른 곳에서는 전혀 찾아볼 수 없는 독특한 제도이다. 민주주의자들에게는 매력적으로 보일지 모르지만, 이러한 제도는 불가피하게 판사를 정치인으로 만든다. 대중의 감정과 편견에 호소할 수밖에 없기 때문이다. 부패한 정부가 수준 미달의 순응적인 판사를 임명하도록 하는 편보다야 선출직 판사가 나을지도 모른다. 그러나 존 스튜어트 밀이 "민주주의가 지금껏 저지른 가장 위험한 실수"라고 평가한 판사 선출제도를 옹호하는 법률가는 거의 없다.

한편 종래의 판사 임명 방법이 사법부의 대표성을 부족하게 만든다는 비판이 제기되었다. 여성이나 소수인종인 후보자가 거의 없었기 때문이다. 이에 따라 절차의 투명성과 공정성을 도모하기 위하여 판사를 선발하는 권한과 책임을 갖는 독립적인 사법부 임명 위원회가 도입되기도 하였다. (그림7 참조) 미국의 몇몇 주와 캐나다, 스코틀랜드, 남아프리카공화국, 이스라엘, 아일랜드, 그 밖의 여러 유럽 국가가 이 제도를 채택하였다. 잉글랜드와 웨일스에서도 2006년부터 도입되어 독립된 비부처(non-departmental) 공공기관으로 활동하고 있다. 이에 따르면 사법부 임용 지원자들은 아홉 장 분량의 지원서를 제출하여야 하며 그중 후보자 명단에 오른 자들은 면접을 보게 된다. 이들은 다음의 다섯 가지 기준에 따라 평가된다. 지적 능력, 개인적 자질(성품, 독립성, 판단력, 결단력, 객관성, 능력, 학습 의욕), 이해심과 공정한 판단력, 지휘·소통 능력, 능률이다.

사법과 정치

비록 미국 헌법 어디에서도 대법원이 사법심사 권한을 갖는다는 규정을 찾아볼 수 없지만, 1803년의 역사적인 '마버리 대 메디슨' 판결 이래로 연방대법원은 헌법 가치와 충돌하는 법을 폐지할 수 있는 권한을 자임해왔다. 이는 사법심사의 가장 강성한 형태로서, 법원이 민주적으로 제정된 법률을 통제하는 결과를 가져왔다. (비록 상원의 승인을 받았다고는 하나 판사는 임명직에 불과하므로 민주적 정당성이 부족하다.) 그리하여 국가가 제정한 법률을 비헌법적이라고 선언함으로써 중대한 사회·정치 변화를 가능케 했다. 여기에는 낙태, 피임, 성·인종 차별, 종교·언론·결사의 자유 등 다양한 문제가 포함되었다.

현재 영국의 최종 항소법원은 대법원(Supreme Court)으로,

7. 캐나다의 대법관들. 대법원장을 포함하여 4명이 여성이다.

종래의 상원 내 항소위원회(Judicial Committee of the House of Lords)를 2009년부터 대체하고 있다. 주된 기능은 영국의 세 사법체계(잉글랜드와 웨일스, 북아일랜드, 스코틀랜드)에서 발생한 사건의 항소심을 담당하는 것이다. 다만 이름이 같은 미국 대법원과는 달리 의회가 제정한 법률을 폐지할 권한은 없다. 그러나 법률이 「유럽인권보호조약」에서 규정한 권리에 위배된다고 선언할 수 있으며, 예컨대 입법기관의 권한유월(ultra vires)을 이유로 들어 보조적 법률을 무효화할 수 있다.

인도의 대법원은 넓은 대중적 지지를 기반으로 사회·경제·정치적 삶의 여러 영역에서 고도의 사법적극주의를 취하며 결혼, 환경, 인권, 농업 개혁, 선거법 등에 관하여 발언해왔다. 대법관들은 인도 헌법이 그저 정치적 문서에 그치는 것이 아니라 '사회철학'의 영속적인 선언이라고 자주 판시하였다. 이 철학은 평등주의 가치에 깊은 영향을 받은 것으로, 헌법의 입안자들이 사회 정의의 원리에 영감을 받아 사회 개혁에 헌신하고자 하였음을 보여준다.

인도 법원이 제시한 법리 중 눈에 띄는 것으로는 공익소송이라는 개념이 있다. 이는 가난한 자들의 사법 접근권을 보장하려는 것이었다. 법원은 사법부가 대심제의 원칙에 얽매여 빼앗긴 자에 대한 법적 보상을 간과해서는 안 된다는 입장을 취하였다. 마찬가지로 '누구도 법률 절차에 의하지 않고서는 생명 또는 사적 자유를 박탈당하지 않는다'라고 정한 인도 헌법 제21조를 해석하면서도 진보적인 태도를 취하였다. 이는 기본권의 실질적 보장을 상당히 확대하는 결과를 가져왔다.

아파르트헤이트 이후 새로이 제정된 헌법하에서 남아프리카공화국 헌법재판소는 헌법을 해석할 권한을 얻었으며, 이에 따라 사회에 지대한 영향을 미칠 여러 결정들을 내렸다. 사형제를 폐지하고, 주거권과 평등권을 인정하며, 가정폭력에 효과적인 대책을 마련할 헌법상 의무가 국가에 있다고 선언한 것 등이다.

한편 이보다 약한 형태의 사법심사제도도 존재한다. 입법부나 행정부가 공개적으로 법원의 결정을 거부할 수 있도록 하는 것이다. 이러한 방식의 헌법 또는 입법은 증가하는 추세이다. 예를 들어 캐나다 대법원은 헌법 해석을 담당하면서도 판단의 권위는 인정받지 못한다. 입법부가 법원의 해석에 동의하지 않는 경우 대상 법률을 재입법해도 무관하다. 「캐나다 권리헌장」 제33조에는 어떠한 법령이 이 헌장의 특칙에 위배될 가능성이 있더라도 입법부의 판단에 따라 유효하게 존속할 수 있다고 규정되어 있다.

1990년에 제정된 「뉴질랜드 권리장전」은 법원이 권리장전에 부합하는 방식으로 모든 법률을 해석하도록 규정하고 있다. 그러나 권리장전과 조화되지 않는 법률이 있더라도 이를 거부할 권한은 법원에게 부여하지 않았다. 이와 유사하게 1998년에 제정된 영국의 인권법은 헌법적 권리와 충돌하는 법률을 해석할 권한을 사법부에 부여하면서도, 해당 법률을 수정하여 권리에 부합하도록 만들 권한은 정부 각료가 갖도록 하였다.

강한 사법심사를 비판하는 자들은 민주적으로 선출된 입법자의 권한을 판사가 제한해도 되느냐고 질문한다. 그러나 대의제의 산물이라는 사실만으로 입법기관이 권리를 보호하고 보존하려는 법원보다 우위에 서게 되는지는 의문이다. 정부와 정당 정치의 흥망은 부정부패는 말할 것도 없고 파당적 이해관계에 특히 취약한 데 비해 법관은 비선출직으로 '책임'을 지지 않는다는 바로 그 점에서 특히 자유의 수호자로서 우월한 지위를 가질 수 있다. 나아가 판결에 의한 해결은 사법적 기질, 훈련, 경험 그리고 권리 중심의 논쟁이 이루어지는 토론에서 도움을 얻기 때문에 입법적 해결보다 나은 면이 있다. 실제로 분쟁이 정치권에서 입법적으로 해결되는 모습을 보기는 매우 어렵다. 문제가 되는 권리는 문자 그대로 논쟁의 대상인데, 선출직인 국회의원들이 도대체 어떤 역할을 할 수 있겠는가?

슬프게도 입법자에 대한 신뢰는 배반당하기 일쑤다. 여전히 논쟁적인 명제이긴 하지만, 특정 기본권들은 입법자가 절대

손댈 수 없도록 할 때 가장 잘 보호할 수 있다. 최소한 당파 정치의 손아귀에는 닿지 않도록 해야 한다. 1954년 미국 대법원의 역사적인 '브라운 대 교육위원회' 판결이 없었더라면 흑인의 시민으로서의 자유가 그토록 일찍 받아들여질 수 있었겠는가? 이 판결로 비로소 흑백을 분리하는 교육시설이 '본질적으로 불공평'하다고 인정되었다. (6장 참조)

남아프리카공화국의 법원이 새 민주의회보다 인권을 더 잘 보호하지 않았던가? 유럽인권재판소(스트라스부르에 있으며, 당사국이 「유럽인권보호조약」을 위반하였다고 주장하는 소원을 심사한다)의 여러 판결이 예컨대 영국 같은 곳에서 시민의 자유를 보다 더 신장시키지 않았던가? 이 법원은 여러 사건에서 영국 정부에 반하는 판결을 내렸고, 이에 따라 정부는 협약이 보장하려는 여러 권리들에 관한 국내법을 개정해야 했다. 사생활의 권리, 체벌 사용에 대항할 권리, 정신보건 환자의 권리 등이 대표적이다.

배심원에 의한 재판

영미법 체계는 동료 시민으로 이루어진 배심원에 의하여 재판을 받는다는 관념을 신조처럼 받드는 경우가 많다. 데블린 판사가 1956년에 쓴 글에서도 그 중요성을 확인할 수 있다.

"배심원에 의한 재판은 정의의 수단이나 헌법의 수레바퀴를 넘어서는 것이다. 그것은 자유의 존속을 보여주는 횃불이다."

배심제를 구체적으로 어떻게 채택하는지는 국가마다 다르다. 어떤 곳에서는 민사가 아닌 형사재판에 국한한다. (예컨대 프랑스에서는 배심원이 판사 옆에 배석하며, 선고형의 경중을 판단하는 데에도 관여한다.) 다른 곳(캐나다)에서는 중범죄에 대해서만 배심제를 채택한다. 형사재판과 (사기 같은) 일부 민사재판에 배심제를 채택하는 곳(잉글랜드와 웨일스)도 있다.

한편 남아프리카공화국은 1969년에 배심제를 폐지하였는데, 백인으로만 이루어진 배심원단이 '비백인' 피고인에게 편견을 가질 수 있어 본질적으로 불공평했기 때문이다. 이 때문에 육상선수 오스카 피스토리우스의 살인 혐의 관련 재판을 텔레비전으로 본 시청자들은 배심원이 없다는 점에 놀랐다. 대신 형사재판에서 판사는 사실관계의 확정과 관련하여 일반인 두 명으로 이루어진 '배석'의 도움을 받는다. (그림8 참조)

가장 독특한 예는 미국의 배심재판이다. 민사와 형사 재판 모두에 배심원단이 존재한다. 배심재판의 60퍼센트 이상은 형사재판이며, 나머지는 민사재판과 가사소송절차 등이다.

배심재판의 여러 가지 과장된 장점 중 하나로 판사의 영향력과 권한을 억제하는 기능을 들 수 있다. (주로 12명인) 평범한 시민이 정의의 실현에 참여하게 되므로 공동체가 추구하

7. 여자친구를 살해한 혐의로 법정에 선 오스카 피스토리우스.

는 가치가 결과에 반영될 수 있다는 것이다. 이 주장에 따르면 무작위로 선정된 일반인 그룹은 판사보다 민주적인 결정자라고 한다. 옳은 근거인지는 모르겠으나, 판사는 정부에 소속된 기관으로서 활동하기 때문이다.

배심제 옹호론자들은 사실 확정의 문제가 상식 차원인 일에 불과하므로 법적 훈련이 필요하지 않다고도 주장한다. 배심원 결정의 불확실성 문제도 독립성을 증진시킨다는 점을 근거로 옹호한다. 나아가 배심원은 물증이 있음에도 불구하고 피고인에게 무죄를 선고함으로써 부당하다고 생각하는 법에 반감을 표현할 수 있다.

반면 배심제를 비판하는 사람들은 배심원들이 판사와 달리 자신의 결정에 근거를 제시하지 않아도 된다는 점에 우려를 표한다. 배심원들의 결정은 비밀리에 이루어지기 때문에 감정과 편견에 취약하다는 것이다. 또 평균적인 배심원이 복잡한 과학적, 기술적 증거를 이해할 수 있을지 우려가 제기된다. 예컨대 복잡한 금융사기를 다루는 재판에는 엄청나게 많은 전문 정보가 증거로 제시되기 때문에 적절하게 판단하기 어려울 수 있다. 이러한 비판에 따라 영국 등지에서는 이와 유사한 재판에는 배심제를 폐지하자는 주장이 제기되어 논란이 있었다. 실제로 최근 잉글랜드의 어느 법원에서는 화가 난 판사가 배심원단을 해산한 일도 있었다. 배심원단이 판사에게 제출한 일련의 질문에 비추어볼 때 자신들의 역할에 '근본적인 이해가 결여'되어 있다는 이유에서였다.

이와 더불어 배심원단이 집요하고 독선적인 배심원 한두 명에게 좌지우지되기 쉽다는 우려도 있다. 「12명의 성난 사람들」이라는 영화는 한 개인의 고집에 배심원들이 어떻게 휘둘리는지 드라마틱하게 그렸다. 실제로 배심원단들은 판사나 치안판사에 비하여 무죄를 선고하는 비율이 높다는 연구도 있다. 배심원들은 피고인에게 잘못된 동정심을 갖는 경향이 있어서 이러한 취약점이 나타난다는 것이다.

대안적 분쟁 해결

법원 중심의 분쟁 해결에는 오랫동안 불만이 제기되어왔다. 비용이 많이 들고, 오랜 시간이 소요되며, 엄격하고, 복잡하며, 과도한 격식이 요구되는 등 여러 문제점을 안고 있다는 비판이다. 이에 따라 점차 많은 국가에서 대안적 분쟁 해결(ADR. Alternative Dispute Resolution)을 도입하고 있으며, 몇몇 곳에서는 법원에서 재판을 받기에 앞서 반드시 조정 절차를 거치라고 요구하기도 한다. 앞서 말한 소송의 단점에 덧붙여 비밀 유지가 불가능하며 판사를 고를 기회가 없음은 말할 필요도 없을 것이다.

ADR에는 크게 세 가지 방식이 있다. 중립적인 조정자가 강제력 없는 조정안을 당사자들에게 제시하는 조정, 당사자들이 제삼자인 중재인에게 분쟁의 결정권을 맡기는 중재, 제삼자의 개입 없이 당사자들이 자발적인 협상으로 분쟁을 해결하는 화해이다.

(예컨대 중재에 관하여 보면) 당사자들은 한 명 이상의 중재인에게 분쟁의 해결을 맡기고 그 결정('중재안'이라고 부른다)에 따르기로 합의하게 된다. 이러한 ADR의 장점으로는 신속성, 저비용, 유연성, 고도로 기술적인 문제에 관한 전문 중재인에 의한 해결 등을 들 수 있다. 그러나 중재에도 지연은 드물지 않으며, 중재인에게 당사자들이 지불하는 조건에 따라 비용이 증가할 수 있다. 몇몇 지역에서는 중재안을 집행하는 것이 곤란할 수도 있다.

미국 등의 로스쿨과 비즈니스스쿨이 위와 같은 분쟁 해결 프로그램을 제공하기도 한다. 물론 기준의 빈약함, 훈련이나 재원의 열악함, 부적절한 규제, 업무 윤리와 관련한 투명성 부족 등 해결해야 할 문제점이 없는 것은 아니다. 그럼에도 ADR의 미래는 대체로 전도유망하다고 할 수 있다. ADR 주창자의 말을 들어보자.

조정은 〔잘 이루어지는 날에는〕 마치 예배에 가지 않고도 종교적 경험을 하는 듯한 탁월함을 느끼게 해준다. 오늘의 ADR 실무가들에게는 아직 미지의 영역이지만, 30년만 기다려보면 알게 될 것이다. 오래전 마을의 장로들이 맡았던 역할을 조정자가 담당하는 것이 자연스러워질 날이 올 것이다.

미래의 법정

미래에 컴퓨터가 재판관을 맡게 될 가능성은 낮지만, 정의를 실현하는 과정은 여러 선진국에서 커다란 변화를 겪어왔고 계속해서 발전하고 있다. 이미 여러 국가에서는 과거라면 조사 기간이 상당했을 법률 정보를 매우 간편하게 습득하고 있다. 문서가 전자화되어 정교한 검색이 가능해졌고, 판사나 변호사, 법학자, 사회의 일반인들이 손쉽게 법령, 판례, 논문 등을 구할 수 있게 되었다. 사법 자원이 부족한 빈국에 특히 도움이 될 것이다. 점점 더 많은 법원 판례가 작성되자마자 인터넷에 게시된다. 이미 파인드로(findlaw.com)나 호주법률정보원(austlii.edu.au) 같은 훌륭한 온라인 법률 정보 사이트가 여럿 생겨났다.

소송 진행에 전자소송이 도입되고 사건 관리에 전자문서가 표준화됨에 따라 오래 걸리던 소송 기간이 단축되었다. 소송 절차도 간소화되는 등 소송 과정도 계속해서 개선되고 있다.

재판정에서 열심히 메모하던 판사의 모습은 이미 사라지고 있으며, 나아가 음성인식 기술이 더욱 발전하면 아무것도 받아 적을 필요가 없게 될 것이다. 증거와 법문서도 아무런 어려움 없이 전자적으로 제출하게 된다. 나아가 법정이 완전한 가상공간에서 열려서 당사자들의 물리적 출석조차 필요치 않게 되는 급진적인 변화를 생각해볼 수도 있다. 이렇게 되면 비용과 시간을 혁신적으로 아낄 수 있을 것이다.

언급한 것들 이외에도 여러 발전이 이루어진다면 평범한 개인이 정의의 실현을 구하는 일은 점점 더 간편해질 것이다. 이처럼 법률 정보와 사법 서비스가 광범위하게 제공된 후에는 법과 사법제도가 추구하는 거창한 이상도 더욱 효과적으로 실현될 것이다.

제 5 장

변호사

모든 세련된 사법체계에서 변호사는 빼놓을 수 없는 요소이다. 그러나 결코 환영받는 존재라고 할 수 없다. 사람들은 변호사를 비난하고, 조롱하며, 폄하한다. 변호사의 속물성, 부정직함, 둔감함을 꼬집는 여러 농담도 있다. 풍자의 예를 보자. 질문. '변호사가 거짓말을 하는지 알아내는 방법은?' 정답. '입술이 움직이는지 본다.' 또다른 냉소적 농담. '99퍼센트의 일부 변호사들 때문에 직업 전체가 욕먹는다는 게 너무 안타깝지 않니?' 마크 트웨인의 명언도 잘 알려져 있다. '최근 범죄자들이 몇 배나 늘어나고 있다는 점은 주목할 만하다. 그리고 최근 변호사들 또한 늘어…, 아, 동어반복이구만.'

변호사에게 왜 이러한 반감을 갖는지 설명하려는 시도는

부질없는 일일 것이다. 이러한 반감에는 법률 전문직에 대한 정당한 불만과 완전한 오해가 뒤섞여 있기 때문이다. 변호사는 분명 은행가, 정치인, 부동산중개인과 더불어 웬만해선 사랑받지 못하는 직업이다. 그러나 독립된 변호사라는 존재는 법치주의를 움직이는 필수 요소이다. 능숙한 솜씨로 시민을 대리할 변호사가 없다면 사법체계의 이상은 모두 입에 발린 소리가 된다. 이는 대부분의 국가에서 형사 피고인에게 법률구조로 국선변호인을 제공하는 것으로도 알 수 있다. 예컨대 「유럽인권보호조약」 제6조는 법률구조를 인권으로 규정한다. 피고인은 반드시 변호인의 조력을 받을 수 있어야 하며, 자기 비용으로 변호사를 선임할 수 없다면 무상으로 제공된다.

할리우드 영화와 여러 TV시리즈 속 변호사는 의뢰인에게 정의를 되찾아주기 위하여 활기차고 능수능란하게 활동한다. (그림9 참조) 그러나 이는 실제 변호사의 삶과는 한참 거리가 멀다. 법정에서의 형사변호는 중요한 업무이기는 하나 변호사라는 직업의 극히 일부분에 불과하다. 대부분의 변호사는 매일같이 (계약, 신탁, 유언 등의) 서면을 작성하고, 고객과 상담하고, 협상을 진행하며, 소유권을 이전하는 등의 수수한 업무에 매진한다. 심지어 영미법계 변호사의 과반수는 평생 법정에 한 번도 출입하지 않는다. 그럼에도 변호사 업무의 핵심은 의뢰인의 이익을 위한 전투라고 할 수 있다. 이 작전에서 구술

9. 영화 〈앵무새 죽이기〉에서 그레고리 펙이 연기한 변호사 애티커스 핀치.

> ## 글13. 왈츠를 추는 변호사들
>
> 변호사들이 어찌나 혼란스러운 상태로 왜곡해놓았는지, 이 소송의 원래의 시비곡직은 진작 지상에서 사라져버렸다. 그건 어떤 유언장과 그 유언장에 속한 신탁재산에 관한 것이다. 아니 한때 그랬었다. 이제는, 오로지 비용에 대한 것일 뿐이다. 비용 때문에 우리는 항상 출석하고, 퇴장하고, 선서하고, 신문하고, 제소하고, 반소하고, 주장하고, 날인하고, 청구하고, 위임하고, 송달하고 있으며, 대법관과 그 종자들 주위를 맴돌고 있고, 먼지로 변하는 죽음을 향하여 형평법적으로 왈츠를 추고 있는 것이다. 비용이 최고의 문제지. 나머지는 전부 터무니없는 식으로 소실되어버렸다.
>
> 찰스 디킨스, 『황폐한 집』

또는 서면에 의한 변호의 기술은 다른 무엇보다 중요하다. 법은 전쟁이며, 변호사는 전사이다. (글13 참조)

영미법계 변호사

많은 이에게 잉글랜드의 법조인은 기이한 모습으로 보인다. 괴기하게 시대착오적인 가발을 뒤집어쓰고, 구식 가운을 입고, 부자연스러운 방식으로 말하기 때문이다. 잉글랜드를 좇아 영미법계 관할을 이어받은 과거 영연방 지역에서도 마찬가지이다. (그림10 참조) 비록 일부 영미법계 국가에서는 이런 진기하고 낡은 특색이 사라졌지만, 잉글랜드에서는 놀라울 정도로 생존력을 보이고 있다. 법조인과 일반인을 대상으로 변화를 위한 설문조사도 진행해봤지만 반응은 미지근했다. 법정변호사와 판사가 쓰는 하얀 가발은 적어도 당분간은 유지될 것으로 보인다.

영미법계 변호사의 기원은 물론 잉글랜드의 역사로부터 나왔다. 따라서 그중 많은 부분은 논리적으로 탄생한 것이 아니다. 영미법계 변호사는 크게 두 종류로 나뉜다. 법정변호사(barristers)와 사무변호사(solicitors)이다. (종종 '카운슬(counsel)'이라고 불리는) 법정변호사는 변호사 중 소수에 속하며(대부분의 관할권에서 약 10퍼센트를 차지한다), 옳건 그르건 스스로를 변호사 중 상위의 직역으로 분류한다. 물론 최근 몇 년 사이에는 상당히 광범위한 변화가 있었는데, 그중 상당수는 법정변호사의 특권을 축소하는 것이었다. 이러한 개혁은 주로 법정에서의 변론 자격을 제한한 탓에 법률 서비스 비용이 급증하여 발생한 정치적 불만에 기인한 것이다.

법정변호사는 '평범한 의뢰인'과 최소한으로만 접촉한다. 사건에 관하여는 사무변호사들로부터 '보고'를 받는다. 법정변호사가 의뢰인과 면담이나 회의를 할 때에는 일반적으로 사무변호사가 동석해야 한다. 회계사나 감정인 같은 특정 직

10. 가발과 법복을 걸친 홍콩의 법정변호사

업군만이 예외적으로 사무변호사 없이 법정변호사와 면담할
수 있다. 그러나 대부분의 경우에 법률 서비스 계약은 사무변
호사를 통하여 이루어지며, 사무변호사가 법정변호사에게 비
용을 지불한다.

잉글랜드의 법정변호사가 되기 위해서는 16세기 이래로 법
조 직역 진입을 담당해온 유서 깊은 기관인 4개의 법학원(Inns
of Court) 중 하나로부터 변호사로 '임명'되어야 한다. 대부분
의 사무변호사와 달리 법정변호사는 어느 법정에서나 완전한
변론권을 가진다. 반면 일반적으로 사무변호사는 하급 법원
에서만 변론할 수 있었으며, 최근에서야 일부 사무변호사에게
'사무변호사 변호인(solicitor advocates)' 자격을 인정하여 상급
법원에서도 의뢰인을 변호할 수 있게 되었다. 전통적인 엄격
한 구별은 점차 무너지는 추세이다.

그럼에도 불구하고 양 변호사 직역은 여전히 두 가지 중요
한 차이가 있다. 첫째로 법정변호사는 사무변호사로부터 정보
를 얻을 뿐 의뢰인을 직접 만나지 않으며, 의뢰인은 사무변호
사와 직접 교섭한다. 둘째로 사무변호사와 달리 법정변호사는
단독으로 활동하며 다른 변호사와의 동업이 허용되지 않는다.
대신 법정변호사들은 일반적으로 공동 법률사무소(chambers)
를 구성하고 자원과 비용을 공유한다. 다만 현재는 법정변호
사도 사무변호사의 로펌이나 사기업, 기타 기관에 고용되어

사내 변호사로 활동하는 것이 가능해졌다.

그 밖의 변화도 있다. 예를 들어 법정변호사는 이제는 서비스와 비용에 관한 광고가 가능해졌다. 종래에는 이를 상업적 타락으로 보아 상상조차 할 수 없었다. 또 과거에는 공동 법률사무소에서만 업무를 보도록 하는 엄격한 제한이 있었으나 현재는 3년간 근무한 후부터 재택근무도 할 수 있게 되었다.

이러한 변호사 직역의 구분은 여러 비판을 받았다. 다음과 같은 의문이 자연스럽게 발생한다. 왜 미국에서는 변호사 한 명으로 충분할 일을 잉글랜드에서는 두 명의 변호사에게 맡겨서 비용을 두 배로 지불해야 하는가? 따라서 두 직역이 공식적으로 또는 사실상 구분되어 있는 여러 지역(캐나다의 영미법계 주, 오스트레일리아의 대부분 지역, 뉴질랜드, 말레이시아, 싱가포르)에서는 양 직역을 통합하자는 주장이 제기되었다. 이에 대하여는 몇 가지 반론이 있다. 예컨대 현상 유지를 주장하는 사람들은 법정변호사가 독립적으로 활동하므로 의뢰인의 사건에 중립적이고 전문적인 평가를 내릴 수 있다고 한다. 또 상대적으로 전문성이 떨어지는 작은 로펌의 사무변호사들이 법정변호사의 다양한 전문 기술을 활용하여 다수의 전문가를 보유한 거대 로펌과 경쟁할 수 있게 된다고 주장한다.

미국에서는 이러한 구분이 없다. 변호사는 모두 변호사일 뿐이다. 누구든 각 주의 변호사 시험을 통과하면 해당 주의 법원에서 변론할 수 있다. 일부 주에서는 항소심에서 변론하기 위해서 특별한 자격을 추가로 얻어야 한다. 연방대법원에서 변론하려면 대법원 변호사 명단에 들어야 하며 이를 위한 특별한 자격 요건이 있다.

여러 영미법계 국가에서(놀랍게도 미국은 제외된다) 변호사가 의무적으로 지켜야 할 근본 신조로 이른바 '택시정류장 원칙(cab-rank rule)'이라는 것이 있다. 이에 따르면 의뢰인이 위임을 위해 찾아온 경우, 해당 변호사의 업무 영역에 속하고 적절한 수임료가 제공되는 이상 의뢰인이 아무리 악명이 높거나 평판이 나빠도 변호사는 수임을 거절하지 못한다. 택시기사가 일반적으로 승객을 고를 수 없는 것과 마찬가지로, 법정 변호사는 특별한 사정이 없는 한 사건을 수임할 의무가 있다. 수임을 거절할 특별한 사정으로는 사건의 쟁점이 해당 변호사의 능력이나 경력 밖의 일이라거나, 다른 업무가 많아서 충분한 시간과 노력을 사건에 기울일 수 없는 경우 등이 있을 수 있다.

이와 같은 원칙이 없다면 아동성범죄처럼 혐오스럽거나 비도덕적이고 악독한 혐의를 받는 피고인은 자신을 위해 법정에 나서려는 변호사를 찾기 어려울 것이다. 물론 현실적으로 법정변호사는 사건을 맡지 못할 이유를 얼마든지 찾아낼 수 있다. 사건이 능력 밖이라는 핑계 이외에도 개인적 이유는 얼마든지 있다. 난감하거나 끔찍한 사건이 올 때는 시간이 없지만, 돈이 되는 사건 앞에서는 없던 시간도 생겨나는 법이다. 그럼에도 이 원칙의 존재 자체가 변호사의 직업적 의무를 표현한다고 볼 수 있다. 사건의 우열에 상관없이 누구나 조력을 받을 수 있는 겁 없는 '용병'이 변호사의 역할인 것이다.

영미법계 변호사의 또 한 가지 두드러진 특징으로는 도제식 교육의 중요성이 있었다. (이에 대해서는 추후에 검토한다.) 실제로 19세기 후반에 이르기까지 영국 대학에서는 법학을 가르친 적이 없다. 그리고 미국, 캐나다, 오스트레일리아, 뉴질랜드에서는 20세기에 이르러서야 대학이 대규모로 법학 교육을 담당하기 시작했다. 물론 일찍부터 법학 교육을 시작한 대학도 일부 있다. 1817년에 로스쿨을 설치한 하버드 대학교가 대표적이다.

대륙법계 변호사

대륙법계 지역의 변호사와 영미법계 변호사는 근본적으로 다르다. 실제로 유럽, 라틴아메리카, 일본, 스칸디나비아 등 주요 대륙법계 국가들에서 사용하는 법조 직역의 개념조차 영미법계와 일치하지 않는다. 이 주제에 관한 어느 권위자는 이렇게 말하기도 했다. "유럽의 언어들에서는 영미법계 사람들이 생각하는 '변호사(lawyer)' 개념과 동일한 단어를 찾아볼 수 없다." 대륙법계 국가들은 법조 직역을 지칭할 때 법률가(jurist)와 변호사(private practitioner)를 구별한다. 전자는 물론 법학을 배운 사람들이라는 의미를 갖지만, 후자는 영미법계와 달리 법조 직역의 핵심을 대표하는 자가 아니다. '역사적으로나 수적으로나 관념적으로나 판검사, 공무원, 법학교수, 상공업에 종사하는 법률가 등이 변호사보다 앞자리를 차지한다.'

대륙법계 국가에서 법학도는 일반적으로 졸업 이후에 진로를 결정한다. 그리고 법조 직역 간에 이직하는 데는 제약이 많기 때문에 많은 국가에서 한번 결정한 일을 계속하게 된다. 법학도는 판사, 검사, 정부 소속 법률가, 변호사, 공증인 등의 진로를 고를 수 있다. 민간 영역의 업무는 대체로 변호사와 공증인으로 나뉘게 된다. 변호사는 의뢰인과 직접 만나며 법정에서 변론한다. 로스쿨을 졸업하면 변호사는 보통 수년간 경험 많은 변호사의 사무실에서 도제식으로 일한 뒤에 독립하여 개인 변호사로 활동하거나 작은 로펌에 들어가게 된다.

공증인이 되려면 대개 국가시험을 통과해야 한다. 공증인은 유언이나 계약서 같은 법적 문서를 작성하며, 법적 절차에 제출할 문서를 공증하고, 정본 기록을 보관하거나 등본을 제공한다. 정부 소속 법률가는 검사 또는 정부기관의 변호사로 활동한다. 검사는 두 가지 상반된 기능을 맡는다. 형사사건에서는 피고인을 기소하는 정부의 입장을 대변하지만 특정 민사 사건에서는 공익을 대표한다.

영미법계와 비교할 때 대부분의 대륙법계 국가에서는 정부가 법률가의 교육, 선발, 고용에 중요한 역할을 담당한다. 영미법계 국가에서 변호사는 일반적으로 도제식 교육을 거쳐 자격을 얻지만, 대륙법계에서는 정부가 법조인 수를 통제하고 대학이 변호사 양성을 담당한다.

양 체계는 법률 교육을 담당하는 기관에서도 중요한 차이가 있다. 대체로 영미법계 국가들에서는 (영국과 홍콩이라는 눈에 띄는 예외가 있기는 하지만) 법학은 석사 과정이거나, 오스트레일리아, 뉴질랜드, 캐나다에서처럼 다른 학부 전공의 학사 학위와 결합할 수도 있다. 반면 대륙법계 국가 중에는 법학이 여전히 학부 과정으로 남아 있는 곳이 많다. 영미법계 교육 과정은 기성 변호사들의 입김이 강하지만, 대륙법계에서는 국가가 그 역할을 담당한다. 대부분의 영미법계 국가에서 법조인이 되려면 변호사 시험을 통과해야 하지만, 상당수의 대륙법계 국가에서는 대학 입학이 진입 장벽으로 기능하기 때문에 법학 학위로 충분하고 추가적인 시험이 필요치 않다.

영미법계 국가에서 진입 장벽의 기능은 개인 변호사에 의한 도제식 훈련으로 대체되는 경향이 있다. 예를 들어 법정변호사로 활동하려는 자는 일단 변호사 시험을 통과해야 한다.

그러나 실제로 법정에서 변론할 자격을 얻으려면 법률사무소에서 6개월의 수습 기간을 두 차례 거쳐야 한다. 이에 따라 수습 변호사는 선배 변호사인 '수습 마스터(pupil master)'가 진행하는 회의에 사무변호사와 함께 참여하며, 법정을 방청하고, 사건 준비를 보조하며, 검토 보고서를 작성하는 등의 업무를 한다. 수습 기간 동안에는 대개 무급이었으나, 점차 수습 변호사의 소득을 일정 수준에 맞춰주기 위한 재정 지원이 증가하고 있다. 두번째 수습 기간에는 일부 변론을 담당할 수 있게 되며, 자신만의 업무를 본다. 법정변호사를 제외한 개인 변호사는 규모가 서로 다른 로펌에 소속되어 활동하는데, 1인 사무소부터 수백 명의 변호사를 거느린 거대 로펌에 이르기까지 다양하다.

법조 규제

영국에서는 변호사협회, 법정변호사회, 사무변호사회 등 여러 기관에서 법조인이 되는 과정을 감독한다. 이들은 법학원 입학, 변호사 시험, 전문 교육, 윤리 규제 등을 담당한다. 각 기관의 명칭은 다양하지만, 결국에는 실무에 나오는 변호사 수를 통제함으로써 독점을 유지하려는 공통의 이해관계를 갖는다고 할 수 있다.

일부 국가(특히 벨기에나 뉴질랜드처럼 작은 국가)에서 변호사는 국가 차원에서 자격이 부여되고 그 수가 통제된다. 반면 연방국가(미국, 캐나다, 오스트레일리아, 독일)에서는 각 주 단위로 규제가 이루어진다. 이탈리아의 법조인은 지방 단위로 선발한다.

이처럼 여러 국가에서 법조 규제는 법조인과 그 후원을 받는 독립된 법조인회가 담당한다. 반면에 법무부 같은 국가기관에 의하여 법조 규제가 이루어지는 곳도 있는데, 특히 대륙법계 국가에서 두드러진다.

법률구조

가난한 자가 법률 자문이나 보조를 받을 수 없다면 재판을 받을 권리는 공허한 말에 그치게 된다. 특히 형사재판에서 그러하다. 따라서 대부분의 사회는 자력으로 변호사를 선임할 수 없는 사람에게 법률구조를 지원한다. 그러나 민사재판에서도 기본적인 평등의 원칙은 문제될 수 있다. 부유한 자 또는 국가가 무일푼인 피고에게 소를 제기한다고 생각해보라. 법 앞의 평등이라는 원칙은 가볍게 부서질 겉모습에 불과하게 된다. 따라서 민사재판에서도 무료 법률구조를 제공하는 곳이 있기는 하다. 그러나 결국 비용 문제로 법률구조 대상을 형사재판으로 국한하는 것이 일반적이다. 국가에 따라 가난한 의뢰인을 위하여 국선변호를 전담하는 변호사들을 따로 두도록 제도를 운용하는 곳도 있고, 일반 변호사가 자기 업무를 보면서 국선으로도 선임되는 곳도 있다.

미국 연방대법원은 1963년의 역사적인 '기드온 대 웨인라이트' 판결에서 변호인을 선임할 자력이 없는 형사재판 피고인에게 국가가 변호인을 제공해야 할 헌법적 의무가 있다고 만장일치로 판결하였다. 이에 따라 이른바 '공익 변호사'가 탄생했다. 이들은 법원이 지정해준 궁핍한 피고인을 대리한다. 다만 미숙하거나 경험이 적고 업무량이 과도하여 제 역할을 충실히 수행하지 못하는 경우가 많다.

변호인이 없는 채로 형사재판을 받는다면 상당히 불리한 지위에 처할 수 있다. 법률구조가 없다면 가난한 자들은 법 앞의 평등이나 공정한 재판을 받을 권리를 부정당하게 된다. 연방대법원은 기드온 판결에서 다음과 같이 설시했다.

우리는 성찰과 숙고로써, 우리 형사재판의 대심(對審) 구조에서 법정에 불려나온 이가 변호사를 선임하지 못할 만큼 가난하다면, 변호인이 제공되지 않는 한 공정한 재판을 보장할 수 없음을 알 수 있다. 이는 자명한 진실이다. (…) 〔공정한 재판이라는〕 숭고한 이상은 범죄 혐의로 기소된 가난한 자가 변호인의 조력을 받지 못한 채 검사와 마주해야 한다면 결코 실현될 수 없다.

물론 슬프게도 이 '숭고한 이상'은 여전히 많은 국가에서 이상에 그치고 있다.

제 6 장

법의 미래

법은 마치 전쟁처럼 인간이 숙명으로 받아들여야 할 현실처럼 보인다. 그런데 그 미래는 어떠한가? 법도 당연히 끊임없이 변화하는 상태에 있다. 미국 연방대법관 벤저민 카르도조는 이를 멋진 말로 묘사한 바 있다.

현존하는 법과 원칙은 우리에게 우리의 현 위치, 우리의 방향, 우리의 위도와 경도를 알려준다. 하룻밤 묵어가는 여관은 여정의 끝이 아니다. 법은 여행자와 같아서 언제나 내일을 준비해야 한다. 성장의 원리를 보유해야 하는 것이다.

급변하는 세계에서 법이 새로운 도전과 위협에 적절히 대

처하려면 어느 때보다 효과적으로 발전하고 적응해야 한다. 법의 모습은 의심할 나위 없이 지난 반세기 동안 엄청난 변화를 거쳤다. 그럼에도 그 미래는 여전히 불확실하다. 어떤 이들은 법에 최후의 순간이 오고 있다고 주장하고, 다른 이들은 오히려 여러 증거를 제시하며 법이 영속적인 힘을 얻고 있다는 전혀 다른 예측을 한다. 어느 쪽이 옳은가? 기묘하게도 양 입장 모두에 일정한 진실이 담겨 있다.

법이 곧 소멸할 것이라고 주장하는 자들은 여러 선진 사법 제도의 허약성을 지적한다. 그 증상의 예로는 법의 민영화를 들 수 있다. 법정 밖에서 이루어지는 사건 합의, 양형 거래, 대안적 분쟁 해결(ADR), 넓은 재량권을 가진 규제 기관의 극적인 확대, 여러 국가에서의 법치주의의 후퇴를 보라.

반면 법의 활력은 효율성, 사회 정의, 정치적 목표 등의 명목으로 사적 영역으로 길게 뻗어나가는 법의 촉수에서 드러난다. 또 법은 유엔, 지역 기구, 유럽연합 등을 통하여 세계화, 국제화되고 있다. 과학기술의 발전도 법에 엄청난 충격을 주고 있다.

이 마지막 장에서는 현대사회에서 진행중인 주요 변화와 그에 따라 법에 가해지는 만만치 않은 도전을 다루고자 한다.

법과 변화

그동안 법의 발전 과정을 기록하려는 여러 노력이 있었다. 법사학자들은 법의 진화에서 두드러진 특징을 발견하고, 이로써 서로 다른 사회를 하나의 연속선상에 배치하고자 하였다. 19세기 후반의 저명한 학자인 헨리 메인(Henry Maine) 경은 법과 사회가 '신분에서 계약으로(from status to contract)' 이행하였다는 유명한 주장을 하였다. 달리 말하면 고대 세계에서 개인은 지위에 따라 전통 집단별로 구분되었으나, 근대사회에서 개인은 자율적인 존재로 평가되며 스스로 선택하는 상대방과 자유롭게 계약을 체결하고 조직을 결성할 수 있게 되었다는 것이다.

그러나 이러한 이행은 역전되었을지도 모른다. 많은 경우에 계약의 자유는 상상일 뿐 실재하지 않는다. 예를 들어 소비자가 통신이나 전력 같은 공공서비스 계약을 체결한다고 해보자. 표준계약서를 받아 든 소비자에게 무슨 계약의 자유가 있는가? 그리고 다국적기업으로부터 취업 제의를 받고 표준계약서에 서명하는 상황에서 계약 조건을 협상하려는 신입사원이 어디 있는가? 물론 여러 선진 사법체계에서 다양한 형태의 입법으로 소비자를 보호해 개인의 협상력을 증진하려는 시도가 있는 것도 사실이다. 그러나 라이트급과 헤비급이 같은 링위에 올라서 싸우려 한다면 결과는 자명하다. '신분'이 이제는

'소비자'나 '노동자'의 형태로 변화한 것일까?

법과 법의 발전을 이해하는 데 강한 영향을 끼친 독일의 사회이론가 막스 베버의 견해를 살펴보자. 그는 법사상을 범주화하여 법을 분류하는 '유형학'을 발전시켰다. 그 중심에는 '합리성' 개념이 있다. 그는 '공식적' 체계와 '실질적' 체계를 구분한다. 구분의 중심에는 체계가 얼마나 '내적으로 자기완결적인가', 즉 의사결정에 동원되는 법과 절차가 체계 내부에 마련되어 있는지 여부가 있다. 둘째로 그는 '합리적' 체계와 '비합리적' 체계를 구분한다. '합리성'은 법적 규칙과 절차가 적용되는 방식과 관계된다. 가장 높은 수준의 합리성은 모든 법률문제가 논리적으로 명료하고 내적으로 일관되며, 가능한 모든 사실관계나 상황을 포괄하는 법률체계를 이룰 때 구현된다.

베버는 공식적이고 비합리적 법체계의 예로 초월적 힘에 호소해 유죄 여부를 결정하는 신성재판〔증거가 명확하지 않을 때 혐의자에게 육체적인 고통을 가하고 이를 이겨내는 경우 무죄로 인정하는 중세의 관습〕을 제시한다. 실질적이고 비합리적 법체계로는 판사가 아무런 법적 근거 없이 개인의 견해에 따라 판결하는 상황을 그려볼 수 있다. 베버에게 실질적이고 합리적인 판결이란 판사가 법이 아닌 정의의 원칙이나 관념에 의지하여 판단하는 경우이다. 마지막으로 판사가 법률과 원리들로 구성된 구체적인 법칙에 따라 판단한다면 그러한 체계는 공식적이고도 논리적, 합리적인 법체계가 된다. 베버의 법 진화 이론은 바로 이러한 이상적 형태를 향해 나아가는 것이다.

그러나 베버의 모델처럼 합리적, 포괄적, 일관적인 법체계는 오늘날 많은 사회에서 정부의 통제가 급증함에 따라 약화되고 있다. 현대사회는 정부기관에 의한 규율의 폭증을 보여준다. 정부기관은 일반적으로 법률에 따라 만들어지는데, 대부분 광범위한 재량권을 갖는다. 그리고 많은 경우에 정부기관의 결정은 사법적 감독으로부터 벗어나 있다.

예를 들어 여러 유럽 국가에서는 국영이었던 산업(통신, 기반시설 등)이 민영화됨에 따라 이들을 조사하고 규칙을 제정하며 벌을 부과하기 위한 규제 기관을 다수 창설하게 되었다. 이에 따라 일반 법원은 이 문제로부터 소외되었으며, 그만큼 법치주의도 후퇴하였다. 이러한 변화는 4장에서 검토했던 법원제도의 개방성과 권위를 흔들게 되기 때문이다. 나아가 재량권의 확대는 그 자체로 법을 명료하게 제정해 개인의 권리와 의무를 확정한다는 법치주의의 원칙을 해하게 된다.

법의 소멸?

미래에는 법이 완전히 소멸하고 말 운명이라고 예측하는

급진적인 이론도 있다. 바로 마르크스주의의 견해이다. 이러한 예측의 기저에는 역사주의 관점이 있다. 멈출 수 없는 역사적 힘이 작용해서 사회 발전을 추동한다는 것이다. 마르크스와 엥겔스가 주장한 '변증법적 유물론'에 따르면 역사의 발전은 하나의 주장인 정(正)과 그와 모순되는 다른 주장인 반(反)이 갈등하면서, 이를 종합한 합(合)으로 해결된다.

마르크스의 주장은 각 시대가 경제 발전 수준에 상응하는 계급 체제를 갖는다는 것이다. 예를 들어 인력으로 생산하던 시대에는 봉건 계급제도가 존재하였다. 증기력 생산의 시대에 접어들면 자본주의가 봉건주의를 대체하게 된다. 계급은 생산수단에 따라 결정되며, 각 개인이 어느 계급에 속하는가는 그가 생산수단과 어떤 관계에 있는가에 달려 있다. 마르크스의 '역사적 유물론'은 생산수단이 물질적으로 결정된다는 점에서 유물론적이며, 두 적대 계급 사이의 갈등이 불가피하다고 보았다는 점에서 변증법적이다. 이에 따라 종국에는 혁명이 일어날 수밖에 없다. 부르주아 생산양식은 개인의 소유권과 경쟁에 기초하지만, 공장생산에서 노동은 비개인적이고 사회적인 성격을 갖게 되어 모순이 발생하기 때문이다.

마르크스는 프롤레타리아가 생산수단을 장악하고 '프롤레타리아 독재'를 이룩할 것이라고 전망했다. 시간이 흐르면 계급이 존재하지 않는 공산주의 사회가 도래할 것이고, 결국 법

또한 '시들어 소멸'하게 된다. 법은 계급 지배의 수단이므로 계급이 없는 사회에서는 더이상 필요치 않기 때문이다. 이것이 마르크스가 초기 저작에서 주장한 요지이며, 레닌은 이를 계승하여 정교하게 다듬었다. 그에 따르면 프롤레타리아 혁명이 일어난 후에 부르주아 국가는 쓸려나가고 프롤레타리아 독재로 대체될 것이며, 반사적인 저항을 물리친 사회에 법과 국가는 더 이상 필요하지 않을 것이라고 주장하였다. 법과 국가는 마침내 소멸하고 마는 것이다.

그러나 이러한 낙관적 전망은 법을 프롤레타리아에 대한 강압과 동일시하는 거친 도식화에 근거한다. 이는 법의 상당한 부분이 다른 기능을 수행한다는 점을 간과할 뿐만 아니라, 공산 사회조차 경제를 계획하고 통제하기 위하여 법을 필요로 한다는 사실을 외면하였다. 계획 같은 수단은 '법'이 아니라는 반론은 그 자체로 설득력이 떨어진다.

법이 겪게 될 변화의 모습을 설명하고자 어떤 이론을 택하든, 법이 장래에 일련의 골치 아픈 도전에 직면하게 되리라는 점은 부정할 수 없다. 가장 어려운 문제는 무엇일까?

내적 도전

앞서 살펴본 관료주의적 규제와 그에 따르는 과도한 재량

행사 문제 이외에도 법이 해결해야 할 여러 어려운 문제가 남아 있다. (일부는 2장과 3장에서 다루었다.) 가장 눈에 띄는 것으로는 여러 국가에서 문제가 되는 테러리즘과 극단주의자의 위협이 있다. 이 문제가 여러 법체계에서 중심 가치를 둘러싸고 논쟁을 촉발하고 있음은 어렵지 않게 알 수 있다. 자유 사회는 자유에 헌신하는 일과 그 기초를 무너뜨리려는 위협에 맞서는 일을 어떻게 조율할 것인가? 완전한 안보를 달성할 수 없음은 당연하지만, 테러에 맞서 적당한 수준의 보호를 달성하는 것조차 대가를 치러야 한다. 한 번이라도 비행기를 타본 승객이라면 오늘날의 보안 검사가 지연과 불편을 불가피하게 수반한다는 점을 쉽게 알 수 있다.

물론 테러리즘과 범죄를 완전히 막는 일은 결코 일어날 수 없을 것이다. 그럼에도 불구하고 현대 과학기술은 공격을 억제하고 방지할 매우 효과적인 수단을 제공한다. 가장 흔한 예로는 CCTV를 들 수 있다. CCTV는 불법 행위가 일어나는지 감시하며, 범행을 녹화함으로써 검사가 법정에 제출할 강력한 증거를 제공한다. 그렇다면 이러한 감시를 법은 어느 정도까지 허용해야 하는가?

물론 CCTV로 모든 행위를 녹화한다면 대부분의 범죄를 막을 수 있을 것이다. 그리고 떳떳한 준법 시민이라면 감시가 이루어진다는 사실로부터 안도감을 느낄 것이다. 실제로 여론

조사에 따르면 다수는 CCTV 확대를 지지한다. 도둑, 유괴범, 테러범이 아닌 바에야 공공장소에서 자신의 행동이 감시된다고 해서 두려울 것이 뭐가 있겠는가? 기술의 발전으로 개인의 금융 거래와 이메일 교환을 추적하는 일도 간단해졌다. '스마트' 신분증 도입, 생체정보 사용, 전자동 통행료 부과는 이제 일상적인 일이 되었다. 이렇게 효과적으로 범죄를 예방하는 수단들은 악당이나 반대할 것이다. 그런데 정말 그렇게 손쉽게 생각해버려도 괜찮은가?

테러리스트에게는 단호하게 대처해야 한다. 그러나 우리는 안보를 위해서 자유를 얼마나 희생할 준비가 되어 있는가? 2001년 9.11 테러 직후에 미국을 포함한 전 세계의 정치권은 정부의 권한을 크게 강화하여 용의자를 심문하고, 첩보를 입수하고, 테러리즘과 관계될 만한 자들의 활동을 감시할 수 있도록 하였다.

최근 미국에서는 국가안보국(NSA)의 활동에 관한 폭로가 있었다. CIA에서 일했던 컴퓨터 기술자 에드워드 스노든은 내부고발을 통해 NSA가 수행한 감시 활동의 범위를 공개하였다. 이에 따라 미국과 영국이 외국 지도자들과 미국 내 정보통신을 대상으로 수행한 첩보 활동이 드러났다. 여기에는 외교 관련 정보, 범죄 혐의, 생명과 재산에 관한 심각한 위협, 그밖에 암호화된 통신을 포함하여 전자 감시가 가능한 증거들이 포함되었다. 심지어 2012년 12월 이래로 NSA가 조 단위의 메타데이터를 수집해왔음이 밝혀졌다. 이외에도 미국이 뉴욕, 워싱턴DC, 브뤼셀 주재 유럽연합 사무소를 비롯하여 프랑스, 그리스, 인도, 이탈리아, 일본, 멕시코, 한국, 터키 대사관을 도청한 사실도 드러났다.

유출된 내용 중에는 전 세계의 거의 모든 인터넷과 전화 통신이 이루어지는 광섬유 케이블에서 NSA가 직접 정보를 수집하는 프로젝트가 존재한다는 증거도 있었다. 또 전 세계에 네트워크 서버 500여 개를 운용하면서 거의 모든 온라인 활동 정보를 수집하고 이를 이름, 이메일 주소, IP 주소, 지역, 언어에 따라 분류, 검색할 수 있게 하는 프로그램도 있었다. 여러 통신사를 포함한 민간 기업들이 영국 정보기관 정보통신본부(GCHQ)에 광섬유 케이블 네트워크에 제한 없이 접근할 권한을 제공하여 엄청난 양의 인터넷, 전화 통신을 탐색할 수 있게 하였다는 점도 밝혀졌다.

그뿐만 아니라 누설된 정보에 따르면 NSA는 무수히 많은 개인과 기관이 이메일, 전자상거래, 금융 거래 등의 보안에 사용하는 일반적인 암호화 방식을 해킹하였다. 또 NSA는 엄청난 데이터베이스를 운용하면서 NSA의 추적 대상인지 여부와는 무관하게 무수히 많은 인터넷 사용자의 이메일 교환, 온라인 검색 내역, 브라우징 기록에 관한 메타데이터를 최대 1년까지 보관할 수 있는 것으로 드러났다.

테러리즘의 위협은 결코 가볍게 여겨서는 안 된다. 그러나 개인의 사생활을 완전히 소멸시킬 게 아니라면 보안기관을 효과적으로 감독하는 일도 반드시 필요하다. 2014년 3월에 오바마 미국 대통령은 NSA가 보유중인 미국인의 전화 기록 대부분을 삭제하겠다고 발표했다. 2015년 6월에는 전화 기록을 수집하는 NSA의 권한이 제한되었다.

이와 관련하여 법은 상당한 어려움에 부딪히게 된다. 전쟁의 시대라면 엄격한 권한을 정부에 부여하는 것은 불가피할 것이다. 체포와 구금의 전제적 권한, 재판 없는 투옥, 비밀 재판 같은 것들 말이다. 그러나 자유 사회에서 이와 같은 자유의 침해를 얼마나 오랫동안 용인할 수 있을 것인가? 법치주의와 인권에 영속적인 손상을 남기게 되지는 않는가? 법이 계속해서 시민을 보호할 것인가 아니면 시민이 **법으로부터** 보호를 필요로 하게 될 것인가? 법원이 자유를 향한 공격에 대항하여 수호자 역할을 할 수 있을 것인가?

3장에서 고문의 허용 여부에 관한 문제를 다루었다. 그렇다면 테러를 방지하기 위하여 고문하는 것은 정당화될 수 있을까? 앞서 살펴보았듯이 최근 논쟁의 대상이 된 상원 보고서에 따르면, CIA가 심문에 사용한 수단은 잔인하고 효과가 없었으며 미국의 가치를 훼손하는 것이었다. 최근 몇 년 사이에 미국 관타나모 수용소에서 수용자에게 가해진 고문에 관한 보도가 여러 건 있었다. (대부분이 아프가니스탄에서 붙잡힌) 이들 수용자에 대한 처우가 비인간적이었고, 국제법을 위반하였으며, 변호인을 선임할 권리와 영장주의를 포함한 법적 권리를 박탈하였다는 이유로 강한 규탄을 받았다.

민주적 사법체계의 이상과 가치를 흔드는 테러와 극단주의의 위협을 자유와 조화시키기 위해 노력하는 한, 법이 점점 더 큰 압박에 시달리리라는 점은 의심할 나위가 없다. (글14 참조)

한편 법을 변화시키는 보다 약한 힘으로는 법의 국제화 또는 세계화가 있다. 오늘날 세계는 국제기구(유엔)와 지역 기구(예컨대 유럽연합)의 영향력과 중요성의 증대를 목도하고 있다.

글14. 테러리즘과 자유

테러와의 전쟁에서 승리하기 위하여 우리는 헌법적 자유를 희생할 필요가 없다. 확실히 21세기 테러리즘은 자유에 위협이 된다. 미국 헌법이 국외에서는 적용되지 않는다거나, 영장주의는 이제는 필요 없는 구식이라거나, 수용자는 무제한 감금되어도 좋다는 주장에는 전혀 공감할 수 없다. 그러나 귀찮게 신분증을 지니지 않아도 될 천부인권이 있다거나, 민간 기업에는 기꺼이 제공하고 수집에도 동의하는 개인정보를 정부에게만은 공개할 수 없다는 주장에도 동의하지 않는다.

필립 보빗(Philip Bobbitt), 『테러와 동의Terror and Consent』

이들은 새로운 법원(法源)이 되어 각 국가의 법과 사법기관의 권위를 약화하고 있다. 한편 법은 맥도날드 같은 강력한 다국적기업이 은행업, 투자, 소비자 시장 등에 미친 영향에 대비하지도 못했다. 모두 법에 직접적인 충격을 미쳤다.

법에서 세계화(혹은 법의 국제화라고도 한다)의 손길이 미치지 않은 부분을 생각하기란 매우 어렵다. 무역, 시장, 은행의 초국적인 발전에서부터 기후변화, 국제 인권 침해, 테러리즘, 불법 복제 등 국제법 영역에서 발생하는 수많은 문제에 이르기까지 다양하다.

대부분의 사법체계는 2장에서 일부 다루었던 영역들에서 해결할 수 없는 딜레마에 봉착했다. 딜레마는 실체법적이면서 동시에 절차법적이고 여러 곤란한 문제를 내포한다. 무수히 많은 예 중 하나만 언급하자면 형사 사법절차를 들 수 있다. 세련된 금융기법을 이용한 복잡한 재산 범죄에 맞서기 위하여 형사재판의 미래는 어디로 가야 하는가? 그러한 경우에 배심원 재판이 적절한가? 적절한 때가 있기는 한가? 대륙법계의 규문주의 접근이 영미법계의 대심주의보다 더 바람직한 것은 아닌가?

부정부패도 사법체계가 해결해야 할 재앙이다. 여러 국가의 사법 접근권에는 구멍이 많다. 가난한 자들은 법원에 적절히 접근하기 어려우며, 그 밖의 분쟁 해결 기관도 마땅치 않다.

많은 사법체계는 신체적 피해에 얼마나 보상할지와 같은 어려운 문제를 겪으며, 보상에서 보험의 역할도 고심한다. 인터넷을 비롯한 여러 기술의 발전은 다수의 법적 문제를 발생시킨다. 이하에서는 그중 일부를 검토한다.

법의 한계

비록 법은 결코 스스로 사회 질서와 가치를 변화시키거나 온전히 보존하지는 못하지만, 그에 대한 태도에 영향을 미치고 이를 형성할 능력이 있다. 법으로써 사회 정의를 실현하려는 노력은 상당한 성과를 거두어왔다. 예를 들어 인종차별을 불법화하는 법령은 평등의 가치를 실현하기 위한 작은 진보를 보여준다. 법의 개입 없이는 아무것도 이룰 수 없었을 것이다. 그럼에도 법의 한계를 이해할 필요는 있다. 최근에는 도덕적, 사회적 문제를 사법화하려는 경향이 있기 때문이다. 심지어 서구 사법체계의 근간을 이루는 가치들을 단순히 수출 또는 이식하는 것만으로 저발전 국가에서 결실을 맺을 수 있다고 믿기도 한다. 그러나 이는 유토피아적 전망에 불과할 수 있다. 마찬가지로 경제 발전이 필연적으로 인권 신장을 동반한다는 견해도 중국의 반례에서 알 수 있듯이 지나치게 낙관적이다.

현대의 정부는 사회공학이라고 할 수 있을 정도로 매우 야심만만한 입법 프로그램을 선호한다. 법률이 어느 수준까지 사회를 진정으로 발전시키고 차별과 부정의에 맞설 수 있는가? 혹은 법원이 사회 변화를 위한 더 적절한 수단인가? 미국에서 그러하듯이 강력한 대법원이 어떤 법률은 헌법에 위배한다고 선언할 정도로 영향력을 갖는 경우, 입법부는 그 결정에 따르는 수밖에 없다. 1954년의 중대한 '브라운 대 토피카 교육위원회' 판결 이후 미국에서 진행된 상황처럼 말이다. 연방대법원은 흑인과 백인 학생을 분리한 공립학교의 설치가 '본질적으로 불평등'하다고 만장일치로 판결했다. 이 기념비적인 판결은 통합을 향한 (문자 그대로) 문을 열었으며, 민권운동의 탄생을 알렸다. 비록 차별이 완전히 사라지지는 않겠지만, 대법원의 역사적 결정이 법과 사회를 더 나은 방향으로 변화시켰다는 점을 부정할 사람은 거의 없다.

효과적인 강제력이 없다면 법은 그 숭고한 포부를 달성하기 어렵다. 동물학대금지법이 적절한 예이다. (그림11 참조) 직접적이고 고의적으로 동물에게 고통을 가하는 경우 외에도 전 세계에서 수많은 동물이 매일같이 생체 해부, 대량 사육농장, 동물 운송, 모피 무역, 사냥, 포획, 서커스, 일부 동물원, 로데오 같은 관행에 시달린다.

여러 국가는 동물학대금지법을 도입하였으나, 엄격한 집행

11. 동물 학대에 반대하는 시위

이 부재한 상황이라면 법률은 그저 공허한 약속일 뿐이다. 강제력을 가지려면 중대한 난관을 넘어야 한다. 학대를 적발하는 일은 주로 체포 권한이 없는 조사관에게 의존하고, 검사는 동물 학대 사건을 우선순위에 두지 않으며, 판사는 적절한 처벌을 내리는 경우가 적고, 법률의 처벌 조항조차 가볍기 일쑤이기 때문이다. (글15, 16 참조)

　세계가 점차 불안해짐에 따라 장래에 다가올 위협을 해결하기 위해 법에 의존하려는 경향이 증가하고 있다. 최근 몇 년 사이에 환경오염의 위험, 오존층 파괴, 지구온난화 등 지구 생명체의 생존에 가하는 위협이 긴급하고도 중요해졌기 때문이다. 더 많은 국가가 지구의 파괴를 통제하고 제한하기 위한 법률을 도입하고 있다. 그러나 법은 그 목적을 달성할 만큼 세세하지 못한 경우가 많다. 예를 들어 기업의 환경오염에 관한 형사책임의 경우, 기업을 운영하는 자들만이 알 수 있는 사실이나 의도를 증거로 제출하여야 입증된다. 그러나 증명은 극도로 어렵다. 위법행위가 무과실책임으로 되어 있는 경우에도 법원의 벌금형으로는 충분한 억제 효과를 거두기 어렵다. 오히려 환경 보호의 거의 모든 측면에서 이루어지고 있는 수많은 국제 조약과 협약, 선언이 더 효과적일 수 있다. 법이 실제로 시행할 수 있는 것은 예측 가능한 장애물을 놓는 정도밖에 되지 않기 때문이다.

글15. 다빈치 코드

나와 같은 사람들이 동물 살해를 살인과 마찬가지로 여기게 될
날이 올 것이다.

레오나르도 다빈치

글16. 법과 동물 학대

다른 동물들도 폭정의 손에 의해서가 아니라면 결코 유보될 수
없었을 권리를 획득할 날이 올 수 있다. 이미 프랑스인들은 피부
가 검다고 해서 한 인간을 아무런 보상도 없이 고문자의 변덕에
내맡겨야 할 이유가 없음을 발견했다. 언젠가는 감각을 가진 존
재를 이와 같은 운명에 처하게 할 기준으로는 다리 개수, 피부
의 융모, 엉치뼈의 끝 등이 불충분하다고 인정하게 될지 모른다.
넘을 수 없는 경계선을 긋는 다른 기준이 있는가? 그것은 이성
의 능력인가, 아니면 말하는 능력인가? (…) 문제는 이성적으로
사고할 수 있는가도 아니고 말을 할 수 있는가도 아니다. 고통을
느낄 수 있는가이다. 왜 법이 감각을 느끼는 존재를 보호하는 일
을 거부하겠는가? (…) 인간성이 살아 숨쉬는 모든 것들을 포함
할 날이 올 것이다.

제러미 벤담, 『도덕과 입법의 원리 서설
Introduction to the Principles of Morals and Legislation』

법과 부정의

법도 부정의의 원인이 될 수 있다. 3장에서 살펴보았듯이 아파르트헤이트는 법의 산물이었다. 히틀러 치하 제3제국의 잔혹 행위도 마찬가지이다. 그리고 때로는 부정의의 책임이 법원에 있는 경우도 있다. 프랑스의 유명한 드레퓌스 사건은 법원의 무능함과 반유대주의가 결합하여 결백한 사람에게 유죄 선고를 내린 대표적인 사례이다. 드레퓌스는 결국 누명을 벗었지만, 판사가 얼마나 쉽게 심각한 편견에 휘둘릴 수 있는지 잘 보여주는 사건이었다.

미국 연방대법원도 부정의한 판결에서 자유롭지는 않다. 가장 악명 높은 판결로는 1847년에 드레드 스콧(Dred Scott)이라는 노예가 자유를 되찾고자 제기한 소송을 들 수 있다. 이 판결에서 대법원은 아프리카 출신인 사람은 결코 미국 시민이 될 수 없으며, 따라서 스콧은 소송을 제기할 자격이 없다고 보았다. 또 정부에는 노예제를 금지할 권한이 없다고도 판시하였다.

1896년의 '플레시 대 퍼거슨' 판결도 만만치 않게 불명예스러운 판결이다. '분리되었지만 동등하다(seperate but equal)'는 논리로 공공기관에서 인종을 분리하는 정책이 헌법상 정당하다고 본 것이다. 대법원은 반세기가 더 지나서야 앞에서 살펴본 '브라운' 판결로 이 결정을 뒤집었다.

1991년 LA에서는 이른바 로드니 킹 사건으로 폭동이 일어났다. 과속 혐의로 붙잡힌 흑인 로드니 킹을 경찰이 철제 곤봉으로 56회 가격하고, 발길질하고, 테이저건으로 쏘았음에도 관련 경찰관이 무죄로 석방되자 분노가 일어난 것이다. 당시 여러 목격자가 경찰의 집단 구타를 현장에서 보았으며, 그중 한 명은 이를 녹화하였다. 로드니 킹은 두개골 골절상을 입었고 안면 신경손상을 입었다. 이에 따라 일부 경찰관이 로드니 킹의 헌법적 권리를 침해하였다는 이유로 연방법원에 기소되었으나, 기소 내용에 인종차별 동기는 포함되지 않았다. 경찰이 흑인 용의자를 총격하였음에도 처벌받지 않은 이 사건은 여전히 미국에서 뜨거운 논쟁의 대상이다.

정의가 구현되지 않는다고 실망할 필요는 없다. 법원도 결코 무결한 존재가 아니다. 언제나 오류와 실수의 가능성이 있으며, 잘못된 증거 탓에 결백한 피고인에게 유죄를 선고하는 경우도 있다. 사형제도에 반대하는 강력한 논거 중 하나도 바로 이와 같은 끔찍한 비극의 가능성이다.

기술의 도전

법이 과학기술의 발전과 발맞추기 위하여 고군분투하는 것은 어제오늘 일이 아니다. 그러나 지난 20년 사이에 일어난 변화는 전례가 없는 정도로, 디지털화에 대한 여러 불안과 동요를 일으켰다. 간단한 예로 정보기술이 법에 가하는 막대한 도전을 들 수 있다. 인터넷에서 일어나는 행위나 내용을 법적으로 규율하려는 시도는 거의 모두 실패하였다. 물론 규제에 대항하는 저항성과 무정부성이야말로 인터넷의 매력이자 힘이라고 여기는 사람이 많다. 그러나 사이버공간은 규제 너머에 있는가? 하버드 로스쿨의 법학자인 로렌스 레식(Lawrence Lessig) 교수는 사이버공간도 규제 대상이 되긴 하지만, 법에 의해서가 아니라 그 본질적 구성 요소인 '코드(code)'에 의하여 규제된다고 설득력 있게 주장했다. 코드는 사이버공간을 구성하는 소프트웨어이자 하드웨어이며, 바로 이 코드야말로 자유롭거나 억압적으로 통제되는 공간을 만들어낸다는 것이다.

실제로 상업적 이유로 점점 더 많은 사이버공간이 규제를 받아들이는 결정을 하고 있다. 현실 세계에서보다 사이버공간에서 더 강하게 행위가 통제된다. 레식 교수의 말처럼, 결국에는 우리가 선택해야 할 일이다. 사이버공간을 설계하는 건축가가 된다고 생각해보자. 어떤 형태의 코드로 사이버공간을 만들 것인가? 그리고 누가 통제하도록 둘 것인가? 법적 쟁점이 발생하는 주된 지점은 코드이다. 그리고 우리는 코드의 모습을 결정할 원칙과 가치를 선택해야 한다.

이제 정보는 권력에 그치지 않는다. 거대한 사업이 되었다.

최근 국제무역에서 가장 빠르게 성장하는 부분은 서비스 영역이다. 세계 무역의 약 3분의 1을 차지하며 계속해서 확대되고 있다. 현대 산업사회의 중심 특징이 정보 축적에 대한 의존이라는 견해도 일반화되었다. 컴퓨터를 사용하면 정보의 수집과 축적, 검색, 전송에서 효율과 속도가 매우 증진된다. 이제는 국가나 기업이 일상적인 기능을 잘 수행하기 위해서라도 계속해서 개인의 정보를 축적해야 한다. 무수히 많은 서비스가 현대 시민의 삶과 밀접하게 결합되어버렸기 때문이다. 그러므로 아주 대표적인 사례만 언급하자면 의료보험과 사회보장을 제공하고 범죄를 예방·감지하려면 사법당국이 엄청난 양의 정보에 접근할 수 있어야 하며, 따라서 대중도 정보를 제공할 용의가 있어야 한다. 마찬가지로 사적 영역에서도 신용, 보험, 고용 같은 서비스에서 정보에 대한 채워지지 않는 갈망을 일으키고 있다.

빅브라더?

전체주의의 악몽으로 빠르게 이행하는 사회를 법이 통제할 수 있을까? '저차원 기술(low-tech)'로 이루어지는 정보 수집은 이미 공적으로나 사적으로나 일상이 되었다. CCTV로 공적 장소를 감시하는 것은 물론이고, 휴대전화, 직장, 차량, 전

자적 의사소통, 온라인 활동을 감시하는 일도 이미 여러 선진
사회에서 당연하게 받아들여진다. 사생활의 전망은 비관적이
기만 하다. 미래에는 우리 사생활을 침범할 더욱 세련되고 놀
라운 변화만이 기다리고 있다. 생체인식이나 고성능의 위성
감시, 벽이나 옷을 투시하는 기술 같은 것들 말이다.

사이버공간이 점점 더 위험한 영역이 되면서, 우리는 매일
같이 시민적 삶에 대한 새로운 위협을 접하게 된다. 감시사회
로의 이행이 만연해지는 경향과 더불어 9.11 사태에서 잘 표
현되었듯이 우리 자유를 훼손할 새로운 기술이 발전하는 것
도 두려움을 키운다. 물론 사생활 침해의 위험을 경고하는 목
소리는 적어도 100년은 된 것이다. 그러나 지난 10년 사이에
훨씬 더 급박한 상황이 되었다.

바로 여기에 역설이 있다. 최신 컴퓨터기술의 발전은 마지
막 남은 사생활의 흔적을 소멸시킬 천벌로 매도된다. 그러나
다른 한편으로 인터넷은 유토피아로 묘사된다. 두 상반된 클
리셰가 부딪힐 때, 합리적인 해결을 기대하는 것은 어리석은
일이다. 그럼에도 두 과장된 주장 사이 어딘가에 진실 비슷한
것이 존재하고 있을 것이다. 최소한 사생활의 미래와 관련해
서 법적 문제의 양상이 변모하고 있음은 부정하기 어렵다. 그
나마도 현실 세계에서조차 감시의 위협에 맞서 개인을 보호
하는 데 별로 성공적이지 못했다면, 이진법으로 이루어진 멋

진 신세계에서는 성공할 전망이 얼마나 있을 것인가?

이제는 너무나 유명해진 국제 온라인 NGO인 위키리크스 (WikiLeaks)는 줄리언 어산지의 주도로 2010년부터 엄청난 양의 문서를 공개하기 시작했다. 주로 아프가니스탄과 이라크에서 벌어진 전쟁과 관련한 것이었다. 그해 말까지 미군의 이라크전쟁 작전 문서 약 40만 건을 공개하였으며, 몇몇 미디어 조직과 협력하여 미국 국무부의 외교 비선을 폭로하였다. 2013년에는 25세 군인 브래들리 매닝(Bradley Manning)이 정보 누설과 관련하여 스파이 혐의 등 20개 죄목으로 기소되었고 35년형을 선고 받았다.

그러나 위키리크스의 계속되는 활동은 2013년 6월 미국 정부요원 에드워드 스노든이 막대한 양의 정보를 폭로하면서 무대 뒤로 밀려났다. 스노든은 극적인 일련의 내부고발로 NSA가 수행한 엄청난 감시 활동의 범위를 밝혀냈다. 이에 따르면 NSA는 수천만 미국인의 통화 내역을 수집해왔다. 나아가 NSA가 이른바 프리즘(PRISM) 프로그램으로 애플, 구글, 마이크로소프트 등 주요 IT 기업의 서버에 직접 접근하는 권한을 갖고 있었다는 증거도 드러났다.

앞서 언급했듯이 NSA의 통화 내력 대량 수집은 최근 법률이 개정되면서 제한되었는데, 미국시민권연맹(ACLU. American Civil Liberties Union)이 소송을 제기함에 따라 위헌 여부가 새로운 쟁점이 되고 있다. 애국법(Patriot Act)에 의한 NSA의 저인망식 정보 수집이 미국 수정헌법 제4조의 사생활의 권리 및 제1조의 언론과 결사의 자유를 침해한다는 것이다. 이 소송의 목표는 NSA의 광범위한 국내 감시 체제를 완전히 종식하고, 이미 수집한 모든 정보를 폐기하도록 하는 것이다. 일단 연방법원 판사는 시민권연맹의 가처분 신청을 기각하여 정부 손을 들어주었다. 시민권연맹은 이 결정에 항소하였으며 뉴욕 제2항소법원의 판단을 기다리고 있다.

우리 안전이 공격을 받으면 우리의 자유도 위태로운 것은 당연하다. 사람의 모든 움직임이 감시되는 세계는 감시를 해서 보호하고자 하는 바로 그 자유를 침식한다. 그러므로 안보를 증진하고자 사용하는 수단이 이득보다 더 큰 손실을 초래하지 않는지 따져보아야 한다. 예컨대 주차장, 쇼핑몰, 공항 등의 공공장소에 CCTV를 여러 대 설치한들 범죄의 재배치라는 뻔한 결과만을 초래하게 된다. 범죄자들은 그저 다른 곳으로 이동하기만 하는 것이다. 대신 자유의 침식은 전체주의로 향하는 길을 활짝 연다. 감시사회는 의심하고 불신하는 분위기를 조성하며, 법과 법의 집행자를 존중하지 않게 하고, 손쉽게 감지하고 입증할 수 있는 범죄들에 지나친 기소를 불러온다.

유럽의 정보보호법은 개인정보의 수집과 활용을 규제하기

위하여 도입되었으며, 기술 발전에 앞서가기 위하여 고군분투하는 중이다. 이 법의 핵심은 명확한 사용 목적과 개인의 동의 없이는 개인을 식별할 수 있는 데이터를 수집하지 못하도록 하는 온건한 규제를 도입하는 것이다. 새로운 정보통신기술의 발전은 국경을 해체한다. 개인정보의 국제 교환은 상업 세계에서 일상적인 일이 되었다. 디지털공간에서 한 국가가 단독으로 개인정보를 보호하려 한들 다른 국가에 그 정보의 사용을 통제할 권한이 없는 이상 아무런 의미가 없다. 따라서 정보보호법을 가진 국가들은 그러한 법률이 없는 국가로 정보를 이전하는 것을 금지하도록 규율한다. 실제로 유럽연합은 '데이터 도피처'를 없애려는 목적으로 여러 법령에 명확한 규정을 두었다. 그러므로 정보보호법이 미비한 국가는 확대일로의 정보산업으로부터 배제될 위험을 감수해야 한다.

정보보호법의 핵심에는 정보의 적절한 사용을 위한 두 가지 원칙이 자리잡고 있다. '이용 제한(use limitation)'과 '목적 명시(purpose specification)' 원칙이다. 이미 이 원칙이 있던 곳은 이 법에 따라 갱신하여야 하고, 미비한 곳(대표적인 곳이 미국으로, 변명의 여지가 없다)은 긴급히 마련해야 한다. 나아가 사이버공간에서 사생활을 보호하기 위한 추가적인 보호 장치도 갖추도록 하였다.

바이오기술의 발전도 전통적인 법적 개념을 흔들고 곤란한

윤리 문제를 발생시킨다. 인간 복제, 배아줄기세포 연구, 유전
공학, 유전자변형 작물, 나노기술 등이 대표적이다. 전자 신분
증과 생체인식을 도입하려는 시도는 여러 국가에서 강한 반
대에 부딪혔다. 형사재판의 양상은 DNA와 CCTV 증거가 사
용되면서 크게 변모하였다.

전체주의적인 감시는 여러 국가에서 건재한 것으로 보인다.
예를 들어 영국 공공장소에 설치된 CCTV가 400만 개를 넘
어섰다. 주민 14명당 1개꼴이다. 영국은 세계에서 가장 방대
한 DNA 데이터베이스도 보유하고 있는데, DNA 샘플 530
만 개를 갖추었다고 한다. 공공장소나 사적인 공간에 CCTV
를 설치하고픈 욕망은 저항하기 어렵다. 국가와 기업의 경계
도 해체되고 있다. 양자 간 정보교류가 일상화되었기 때문이
다. 예를 들어 구글은 법원의 명령에 따라 사용자 데이터를 정
부에 제공할 수 있다. 명령 없이 제공할 때도 있다. 미국에서
는 국가가 정보 수집을 10개 주요 통신사에게 외주화하면서
수익성 좋은 새로운 산업이 생겨났다고 한다. AT&T, 버라이
즌, 티모바일 등 미국 주요 통신사는 사법당국에 개인의 통
신 정보를 제공하여 상당한 이익을 얻을 수 있었다.

그러나 더 큰 문제는 구글, 페이스북, 아마존 등 주요 웹사
이트가 수집하는 개인정보의 규모이다. 또 이들은 정부가 소
비자의 개인정보 제공을 요청하면 이에 충실히 따르는 경우

가 많다. 사실 성공한 IT 회사들의 사업 모델에서 정보 수집은 필수적인 요소이다. 이들은 소매업, 의료, 금융, 엔터테인먼트, 미디어, 보험 등 전통적인 사업 영역으로 침투하고 있다. 페이팔이나 비자 같은 회사는 온라인 결제 정보를 수집한다. 구글 등은 쿠키나 사용자 클릭으로 개인정보를 입수한다. 그리고 이른바 개인정보 수집업자들은 개인정보를 모아서 다른 회사에 판매한다.

지금까지 살펴본 것들은 프라이버시 보호 기술(PETS, privacy enhancing technology)과 프라이버시 침해 기술(PITS, privacy invading technology) 사이의 대결로 묘사되는 문제 중에서 무작위로 뽑아낸 사례들이다. 어느 쪽이 승리할지 예측하기엔 아직 이르다.

프라이버시권의 미래는 법이 프라이버시의 개념에 명확한 정의를 적절히 부여할 능력이 있는지 여부에 달려 있다. 이는 프라이버시라는 관념에 내재하는 모호함의 결과이기도 하지만, '프라이버시권(right of privacy)'이 다른 권리나 이익, 특히 표현의 자유와 충돌할 때 사적 영역을 충분히 보호하는 데 실패하였기 때문이기도 하다. 표현의 자유라는 민주주의의 핵심 가치를 실질적인 통제가 가능한 단순한 언어로 옮기지 못한다면, 급변하는 정보화 시대에 프라이버시의 취약함은 더 심화될 가능성이 높다.

　다른 영역의 발전도 법적 풍경의 근본을 상당히 바꾸어놓았다. 법은 수많은 기술 진보로부터 깊은 영향과 도전을 받고 있다. 컴퓨터 사기, 신분 도용, 기타 사이버범죄와 디지털 음원에 대한 저작권 침해 등이 대표적인 예이다.

　정보의 수집, 저장과 관련한 기술이 발전한 결과 이른바 '빅데이터'가 탄생했다. 이는 정보의 기하급수적인 증가와 수집 가능성을 묘사하기 위한 개념이다. 빅데이터의 속성은 이른바 3V로 설명된다. 데이터의 크기(volume), 속도(velocity), 다양성(variety)이다. 첫째로 크기는 운영 데이터, 소셜미디어로부터 오는 비정형 데이터, 센서·사물통신(M2M)으로 축적된 데이터의 저장이 쉬워진 결과이다. 둘째로 데이터는 전파 식별(RFID) 태그, 센서, 스마트미터링(smart metering)을 통해 매우 빠른 속도로 전송된다. 셋째로 데이터의 형태는 매우 다양하다. 기존 데이터베이스의 구조화된 수치 자료, 사업 관련 앱 데이터, 비정형 문서, 영상, 음성, 이메일, 금융 거래 등을 포함한다.

　빅데이터를 옹호하는 사람들은 빅데이터를 잘 활용하면 데이터를 서로 연계해 범죄 방지, 질병 예방, 기상패턴 예측, 경제 트렌드 확인 등이 가능해진다고 주장한다. 회의적인 사람들은 데이터 간 연관관계의 신뢰성과 그 결과의 해석에 의문을 제기한다.

새로운 범죄들

기술 발전은 자연스럽게 새로운 범죄를 동반한다. 이러한 새로운 범행에 법이 항상 가장 효과적이고 적절한 대처 수단이 되는 것은 아니다. 기술 발전 자체에서 훌륭한 해결책을 제시하는 경우도 많다. 예를 들어 인터넷에서 온라인 개인정보를 보호하는 방법은 다양한데, 개인정보의 암호화, 보유항목 축소, 삭제 등이 활용된다.

각종 새로운 범행이 출현하는 반면, 어떤 범죄는 그저 오래된 범죄의 디지털 버전인 경우도 있다. 이러한 진부한 신범죄도 있지만, 몇몇 범죄는 법이 새로운 범행에 대처할 수 있을지 시험하기도 한다. 여기에는 데이터, 소프트웨어, 음악 등의 복제가 쉬워짐에 따라 발생하는 복잡한 문제가 다수 포함된다. 지적재산권법을 이뤄온 기둥이 흔들리게 된 것이다. 도메인 이름과 관련하여 자주 발생하는 특허·상표권 문제도 있다. 소프트웨어의 결함은 계약법 또는 불법행위법상의 손해배상 문제를 일으킬 수 있다. 휴대전화 같은 개인 물품에 정보를 저장하게 되면서, 법이 정보의 '절도'로부터 시민을 지킬 능력이 있는지도 문제된다. 매일같이 새로운 위협이 출현한다.

범죄자들은 법의 약점을 재빨리 공략한다. 사이버범죄는 형사재판, 형사법, 형사처벌과 관련하여 국내외에 새로운 문제를 발생시킨다. 획기적인 신종 온라인 범죄는 경찰, 검찰, 법원 모두에 골칫거리가 된다. 새로운 영역은 사람에 대한 사이버 범죄(사이버스토킹이나 사이버포르노), 재산에 대한 사이버범죄(해킹, 바이러스, 데이터 훼손), 사이버사기, 신분 도용, 사이버테러리즘 등으로 이루어진다. 나아가 사이버공간에서 기존의 조직 범죄가 더 세련되고 철저하게 이루어진다. 마약과 무기 밀매, 자금 세탁, 밀수 등 다양한 범죄 활동을 전개하고 발전시킬 수단을 제공하는 것이다.

몇몇 범죄는 디지털로 재탄생하였다. 예를 들어 명예훼손은 사이버공간이라는 훌륭한 거처를 찾아냈다. 거의 모든 국가는 명예훼손 또는 그와 유사한 법으로써 사람의 명예를 보호한다. 앞서 살핀 내용을 상기하자면 영미법계 국가의 경우 다소 차이는 있으나 일반적으로 법은 피고가 고의나 과실로 허위사실을 게재하여 원고의 명예를 훼손하였고 피고에게 면책사유가 없다면 명예훼손의 책임을 부과한다. 대륙법계에서는 명예훼손을 별도의 법 영역으로 분류하는 대신 인격권의 한 부분으로 취급하여 명예를 보호한다. 그러나 사이버공간에서는 많은 경우 국경선이 뚫려 위와 같은 구별은 중요성을 상실한다.

이메일, 페이스북, 트위터, 게시판, 토론방, 블로그 등의 출현은 온라인 명예훼손이 자리잡기 좋은 토양을 제공한다. 일반적으로 법은 피해자 이외에 한 명에게만 전파해도 명예훼

손으로 보기 때문에 이메일 메시지나 토론방에 게시한 글만
으로도 책임을 지기에 충분할 것이다. 그러나 그 책임을 글쓴
이만 지게 되는 것은 아닐 수도 있다(서비스 제공자나 공유자 등
도 책임을 지게 될 수 있다).

불안정한 세계의 법

21세기 들어 새로운 시대가 열렸지만 환호할 만한 일은 거
의 없다. 세계는 계속해서 전쟁, 인종학살, 빈곤, 질병, 부패,
편견, 탐욕으로 황폐화되고 있다. 전 세계 인구의 6분의 1인
10억 명 넘는 사람이 하루 1달러 이하로 살아간다. 인구의
14퍼센트에 달하는 8억 명가량의 사람이 굶주린 채 잠을 청
한다. 유엔 추산에 따르면 굶주림으로 매일 약 2만 5000명이
사망한다. 빈곤과 질병의 연관관계도 분명하다. HIV/AIDS를
예로 들자면 95퍼센트가 저개발국에서 발병한다. 전 세계 감
염자 400만 명 중 3분의 2가 사하라 이남의 아프리카에 살고
있다.

침울한 통계 사이로 희망을 불러일으키는 빛줄기도 있다.
세계 여러 지역에서 개인이나 집단에 대한 불평등과 부정의
를 일부 해소하는 발전이 일어났다. 그리고 그 진보에서 적지
않은 부분은 법이 일궈낸 소중한 성취이다. 법을 폄하하기란

언제나 쉽고 그럴싸하다. 특히 법조인은 사람들의 고통을 외면하고 심화한다고 비난받기 일쑤이다. 그러나 아무리 회의주의자라도 인간의 권리를 법으로 규정하고 보장함으로써 빛나는 진보를 이뤄냈다는 점에 대해서까지 부정하기는 어렵다. 충분히 빠르지는 않았을지 모르지만.

유엔은 홀로코스트의 어두운 그림자를 극복하고 1948년에 「세계인권선언」을, 1976년에 「경제적·사회적·문화적 권리에 관한 규약(A규약)」과 「시민적·정치적 권리에 관한 규약(B규약)」을 채택했다. 이는 인권을 보편적으로 인정하고 보호하기 위한 국제사회의 헌신을 잘 보여준다. 가장 회의적인 관찰자조차 인정할 수밖에 없을 것이다. 앞서 살펴보았듯이 변화무쌍한 이념적 성격을 가진 이른바 '국제권리장전'은 국가 간의 문화 차이를 뛰어넘는 특별한 합의의 척도를 반영한다.

인권의 개념은 3세대의 변천을 거쳐왔다. 1세대는 대체로 '소극적인' 시민적, 정치적 권리로 이루어져 있다. 소극적 권리는 자유롭게 발언할 권리와 같이 일정한 방식으로 방해받지 않을 권리를 가리킨다. 반면 적극적 권리는 교육, 보건이나 법률 지원처럼 무언가를 요구할 수 있다는 의미이다. 이들 2세대 권리는 경제적, 사회적, 문화적 권리의 개념 아래에 포괄된다.

3세대 권리는 주로 집단적 권리로 이루어져 있다. 「세계인

권선언」 제28조의 '모든 사람은 이 선언에 나와 있는 권리와
자유가 온전히 실현될 수 있는 체제에서 살아갈 자격이 있다'
는 구절에 잘 드러난다. 이러한 '연대적' 권리에는 사회·경제
발전을 이룰 권리, 지구와 우주 자원의 이용에 참여할 권리,
과학기술 정보에 접근할 권리(제3세계에서 특히 절실하다), 건
강한 환경을 누릴 권리, 평화권, 인도주의적 위기를 피할 권리
등이 포함된다. (그림 12)

어떤 사람들은 적극적 권리가 소극적 권리보다 우위에 있
다고 주장한다. 식량, 물, 주거 등이 없는 상황에서 소극적 권
리는 사치에 불과하므로 적극적 권리야말로 '순수한' 인권이
라는 것이다. 그러나 두 권리는 모두 동등하게 중요하다고 보
아야 한다. 언론의 자유가 보장된 민주 정부가 가난한 자의 필
요를 더 잘 다룰 가능성이 높다. 다른 한편으로 경제·사회적
권리가 보장된 사회라면 시민들이 당장의 먹거리를 고심하는
데에 매달리지 않아도 되므로 민주주의가 보다 성공적으로
정착할 것이다.

인권 개념에 대한 의혹은 새로운 것이 아니다. 어떤 사람들
은 인권 보장을 확대하면 '테러와의 전쟁'이 약화된다며 불만
을 표시해왔다. 반면 다른 사람들은 인권선언에 표현된 권리
다수가 여전히 모순적이고, 지나치게 모호하거나 일반적인 용
어로 표현되어 있으며, 불가피한 예외 때문에 약화되며, 한 조

12. 수많은 사람이 극심한 빈곤에 시달리고 있다.

항에서 규정한 권리를 다른 조항에서 박탈하는 것처럼 보인다고 생각한다. 가난한 국가들은 인권의 현대적 개념이 지나치게 서구 중심이라고 의심하기도 한다. 기아, 가난과 같이 저개발국 사람들이 겪고 있는 수많은 문제를 다루기에 부적합하다는 것이다. 실제로 인권 개념이 그저 현상태의 부와 권력 배분을 강화할 뿐이라는 주장도 있다.

이러한 주장을 포함하여 인권의 발전에 대한 여러 불신을 결코 가볍게 여겨서는 안 된다. 또 지금의 국제적, 국내적 인권선언과 그 시행을 위해 존재하는 기관들로 충분하다는 환상에 갇혀서도 안 된다. 이들은 더 나은 보호를 위한 전략의 테두리를 보여줄 뿐이다. 수많은 NGO, 독립 인권위원회, 압력 단체, 용기 있는 개인들의 역할이 다른 무엇보다도 중요하다. 인권에 관한 법 분야의 성장을 보면 인류 복지의 미래에 조금은 낙관을 가질 법하다. 지구 생태계 파괴와 핵으로 인한 종말의 가능성 앞에서도 모든 생명체의 이익을 위협으로부터 지키고, 번영을 이룰 환경을 만들어낼 보호 장치는 바로 법과 권리라는 무기임을 인식해야 한다.

우리의 사회, 경제 체제와 구조를 근본부터 변화시키는 것만이 이 세계와 생명을 위하여 지속 가능한 미래를 보장하는 유일한 길일 수 있다. 보편적인 인권 보장은 바로 이 과정에서 반드시 필요한 요소이다.

미래에는 분명 법의 능력이 시험대에 오를 것이다. 국내 안보를 통제할 수 있는 능력뿐만 아니라 국제 테러의 위협에 합리적인 대처를 절충해낼 수 있는 능력까지 말이다. 국제공법과 유엔헌장은 계속해서 전쟁과 평화에 용인할 수 있는 행위가 어느 정도인지 결정하는 것을 돕는 최선의 기준이 될 것이다.

최근 몇 년 사이 국제사회에서는 '인도주의적 개입'이 중요한 변수로 부상하였다. 세계 각지에서 일촉즉발의 끔찍한 파국을 방지하고 회피하기 위한 개입 활동에 지원이 증가하고 있다. 그러나 분쟁의 목록은 매일같이 늘어난다. 뿐만 아니라 법이 은밀히 퍼지는 적을 상대해야 하는 세계에서, 국제법의 근본 토대는 심각하게 흔들리고 있다. 이는 국가들 사이에 벌어지는 전쟁이 아니다. 악덕한 야망을 가진 은밀한 국제 테러리스트 네트워크와의 전쟁이다.

법의 중요성을 과장하기는 쉽다. 특히 법률가에게는 말이다. 그럼에도 역사는 우리에게 법이야말로 인간의 진보를 가능하게 하는 필수적인 힘임을 가르친다. 이는 결코 작은 성취가 아니다.

법이 없다면, 홉스가 선언한 바와 같아질 것이다.

근면함이 설 자리가 없다. 열심히 땀흘려 일해도 그 결실을 얻을 수 있다는 보장이 없기 때문이다. 그리고 결과적으로 지상의 농업도, 항해도, 바다로 수입해오는 상품의 이용도, 사람이 살 만한 건물도, 거대한 힘으로 물건을 운반하고 해체하는 도구도, 지구에 대한 지식도, 시간 계산도, 예술도, 문자도, 사회도 존재하지 않게 된다. 그리고 그중 최악은 폭력적인 죽음을 맞을지도 모른다는 지속적인 공포이다. 그리하여 인간의 삶은 고독하고, 가난하고, 불결하고, 잔인하고, 짧다.

우리가 앞으로 다가올 재앙에서 살아남으려면 그리고 문명화된 가치와 정의가 승리하고 존속하려면, 법은 반드시 필요하다.

법 자료: 초심자를 위한 입문

이 책에서 법학 저널이나 법원의 판결을 참조하는 경우, 일반적으로 통용되는 인용법을 적시해두었다. 관행에 따라 약식으로 기재해두었지만, 독자가 원전을 직접 살펴보고 싶어할 것으로 기대하여 포함한 것이다.

법률 저널이나 학술지를 인용하는 방법은 매우 직관적이기 때문에 특별한 설명을 요하지 않는다. 반면 판례의 인용 방법은 매우 복잡하고 방대하여 한 장(章)을 할애하여 설명해야 할 정도이다. 그러나 어느 경우든 나의 세대의 법률가와 법학도가 먼지 쌓인 장서를 뒤져가며 숨겨진 법 자료를 찾기 위해 고군분투하던 시절과는 상황이 달라졌다. 오늘날에는 검색엔진에 당사자 이름만 넣으면 그 자리에서 판례를 찾을 수 있게 되었다. 또 판례 전문과 법률, 논문 등을 손쉽게 찾을 수 있는 데이터베이스도 생겨났다. 영미권에서는 렉시스넥시스(LexisNexis)와 웨스트로(Westlaw)가 가장 유명할 것이다. 두 사이트 모두 무수히 많은 법률 문서를 제공한다. 그 밖에도 여러 무료 사이트가 유용하다. (bailii.org, lawreports.co.uk, europa.eu, echrcoe.int, worldlii.org, findlaw.com 등)

법 자료를 찾는 방법에 관한 훌륭한 설명으로는 제임스 홀란드(James A. Holland)와 줄리안 웹(Julian S. Webb)의 입문서 Learning Legal Rules, 8th edition (Oxford University Press, 2013) 2장을 참조하

면 좋을 것이다.

어쨌거나 이 책에서 참조한 판례와 관련해서는 다음의 내용을 알면 충분하다. 2장에서 살펴본 영국의 판결 '도노휴 대 스티븐슨'을 예로 들어보면, Donoghue v Stevenson [1932] A. C. 562 (H. L.)이라고 사건을 표기한다. 이 사건처럼 민사사건의 경우, 사건의 이름은 양 당사자인 '도노휴 부인'과 '스티븐슨 씨'를 가리킨다. 꺾쇠괄호 안의 숫자는 사건 검색에 필수인 연도를 가리킨다. 꺾쇠괄호가 아닌 일반괄호로 표기된 경우라면 연도가 중요하지 않으나 관행상 넣어두었음을 의미한다. 'A. C.'는 항소사건(Appeal Cases)의 약자로, 해당 판결이 실린 공보 종류를 가리킨다. 이어지는 숫자는 판결이 실린 페이지이다. '(H. L.)'은 상원 항소위원회(Judicial Committee of the House of Lords)를 가리키는데, 2장에서 언급했듯이 현재는 영국 대법원이 되었다. 이는 [2015] UKSC 88처럼 표기한다.

미국에서는 약간 방법이 다르다. 4장에 등장했던 '브라운 대 교육위원회' 사건을 예로 들면 Brown v Board of Education, 347 U.S. 483 (1954) 라고 표기한다. 브라운이 원고이며 교육위원회가 피고이다. 'U. S.'는 미국공보(United States Reports)의 약자이고, 347은 판결이 실린 공보의 호수를 의미한다. 483은 시작 페이지를 의미하며, 1954는 판결이 있었던 해이다.

유럽 등 국가에서 사용하고 있는 판례 인용법, 영미법계의 인용법에 관한 상세한 설명, 그 밖에 유럽인권재판소 등 다른 법원에서의 방법 등은 다음의 문서를 참조하라. (http://portal.solent.ac.kr/library/

help/factsheets/resources/referencing-law-harvard.pdf)

[역자] 우리나라의 판례 표시 방법은 영미법계와 비교할 때 훨씬 건조하다. 대법원 판결 하나를 예로 들어 보자. '대법원 2009. 5. 21. 선고 2009다17417 판결'이라고 기재된 판결이라면, 맨 앞은 해당 판결을 선고한 법원을, 2009. 5. 21.은 재판일자 혹은 판결의 경우에는 그 선고일을 뜻한다. 이어지는 2009다17417은 사건번호이다. 그중 '2009'는 대법원에 상고가 제기된 해가 2009년임을 나타내고, '다'는 민사상고사건(3심 대법원)을 가리키는 약호이다. 이는 사건의 구별을 위하여 성질에 따라 분류한 것으로, 가령 민사1심사건은 '가합' 또는 '가단', 민사항소사건(2심)은 '나', 민사상고사건(3심)은 '다'가 붙는다. 형사사건의 경우는 1심, 2심, 3심이 각각 '고단/고합' '노' '도'이다. 뒤의 '17417'은 진행번호로 사건을 특정하려고 별도로 부여한 번호이다. 대법원의 경우는 법원이 하나이므로 따로 표시하지 않더라도 '다' 사건이면 대법원임을 알 수 있지만, 1심이나 2심의 경우 같은 심급의 법원이 전국에 여러 곳이 있으므로 어느 법원인지를 반드시 기재해야 한다. 가령 위의 '대법원 2009. 5. 21. 선고 2009다17417 판결'의 2심 판결은 '서울고등법원 2009. 2. 10. 선고 2008나116869 판결'이다. 헌법재판소의 경우도 원리는 동일하다. '헌법재판소 2013. 12. 26. 선고 2009헌마747 결정'은 헌법재판소가 2013년 12월 26일에 선고한 것으로, '2009'년에 접수된 '헌마' 사건 중 '747'번이 부여된 결정을 가리킨다.

위 판결을 법원 사이트(scourt.go.kr), 법제처 사이트(law.go.kr)나 로앤비(lawnb.com) 같은 사설 데이터베이스에서 검색하면 그 전문을 볼 수 있다. 위의 2009다17417 판결은 이른바 '김 할머니 사건'으로, 안락사에 관한 우리나라에서의 논쟁을 엿볼 수 있는 대표적인 판례이다. 2009헌마747 결정은 공적 인물의 사생활에 대한 명예훼손과 관련된 헌법소원심판 사건이다. 본문을 읽으면서 우리나라에서의 진행 상황이 궁금했던 독자들은 직접 판례를 검색해서 읽어보길 바란다.

판례 목록

제2장 법의 가지

Alcock v Chief Constables of South Yorkshire Police [1992] 1 A. C. 310.

Associated Provincial Picture Houses Limited v Wednesbury Corporation [1948] 1 K. B. 223.

Carlill v Carbolic Smoke Ball Co. [1893] 1 Q. B. 256.

Donghue v Stevenson [1932] A. C. 562 (H. L.) at 580 per Lord Atkin.

Hall v Brooklands Auto-Racing Club (1933) 1 K. B. 205.

MacPherson v Buick Motor Co. 111 N. E. 1050 (NY 1916).

Rylands v Fletcher (188) L. R. 3 H. L. 330.

New York Times v Sullivan 376 U. S. 254 (1964).

Stilk v Myrick (1809) 2 Camp. 317, 170 Eng. Rep. 1168.

제3장 법과 도덕

Shaw v Director of Public Prosecutions [1962] A. C. 220 (H. L.).

Roe v Wade 410 U.S. 113 (1973).

Cruzan v Director, Missouri Department of Health 497 U.S. 261 (1990).

Airedale NHS Trust v Bland [1993] A. C. 789

PP v HSE [2014] High Court of Ireland.

제4장 법원

Marbury v Madison (1803) 5 U.S. (1 Cranch) 137.

Brown v Board of Education of Topeka, 347 U.S. 483 (1954).

제5장 변호사

Rondel v Worsley [1969] 1 A. C. 191 at 227 (per Lord Reid).
Gideon v Wainwright, 372 U.S. 335 (1963).

제6장 법의 미래

Brown v Board of Education of Topeka, 347 U.S. 483 (1954).
Plessy v Ferguson, 163 U.S. 537 (1896).
Dredd Scott v Sandford, 60 U.S. 393 (1857).
Plessy v Ferguson, 163 U.S. 537 (1896).

역자 후기

이 책은 영국 옥스퍼드 대학 출판부에서 펴내는 'Very Short Introduction' 시리즈의 '법' 편이다. 이미 한국에는 몇 개의 법학 입문서가 있지만, 이 책은 적어도 네 가지 측면에서 기존의 입문서와 다르다.

첫째, 이 책은 영미법계 법학자가 쓴 입문서이다. 오늘날 세계의 법체계는 크게 영미법계와 대륙법계로 양분되어 있다고 해도 과언이 아니다. 우리나라는 그중 대륙법계의 전통을 따르고 있으며, 이에 따라 법과 법현상을 이해하는 방식에서도 대륙법적 시각이 지배적이다. 기존의 법학 입문서도 한국이나 독일에서 법학을 공부한 학자의 저서가 대부분으로, 대륙법의 태도를 강하게 담고 있다. 반면 저자 레이먼드 웍스는 영국에서 수학하고 홍콩 대학교에 오랫동안 재직한 영미법계 법학자이다. 따라서 법에 대한 그의 설명을 따라가는 것은 영미법에 대한 기본적인 이해를 넓히는 것뿐만 아니라 대륙법의 특색을 상대화하여 이해하는 데에도 도움이 된다.

둘째, 이 책은 범세계적인 시각에서 법을 조망하고 있다. 근대사회에서 법은 원칙적으로 주권 국가 단위로 분할되어 적용되고 있다. 대부분의 법학 입문서도 우리나라에서 실제로 적용되는 법과 제도를 설명하는 것이 주된 목적이라고 할 수 있다. 그러나 이 책은 법의 원칙적인 모습을 제시한 뒤 미주와 유럽, 아시아를 포함한 각지의 개별 사례를 비교하여 설명하는 방식을 취한다. 따라서 실생활의 구체적인 법보다는 법이라는 대상 자체가 궁금한 독자에게 더욱 도움이 될 것이다.

셋째, 학문으로서의 법학보다는 법을 둘러싼 현상을 설명하는 데 초점이 있다. 기존의 입문서가 법학 공부를 본격적으로 시작하려는 법학도를 독자로 삼는다면, 이 책은 기본적으로 일반인을 위한 교양서 성격을 갖는다. 1장은 주로 법의 역사를 다루며, 2장은 법학의 영역, 3장은 법철학, 4장과 5장은 사법제도, 6장은 현대의 법 문제를 개괄한다. 이 중 법의 해석과 적용이라는 전통적인 의미의 법학은 주로 2장에서 다루며, 나머지 장은 법을 둘러싼 제반 현상에 대한 설명으로서, 법과 사법제도의 사회적 의의를 드러낸다. 따라서 본격적으로 법을 공부하려는 입문자 이외에도 법에 대한 가벼운 호기심으로 읽을거리를 찾는 독자에게 지적 흥미를 줄 것이다.

넷째, 이 책은 근본적인 법철학의 문제와 지극히 현실적인 최신의 쟁점을 넘나들고 있다. 예컨대 법과 도덕의 관계에 관한 학계의 깊은 논쟁에서부터 최근 뉴스에 오르내리는 위키리크스 사건까지 종횡무진하며 어색하지 않은 방식으로 흥미롭게 서술한다. 그중 대부분은 우리나라에서도 실제로 문제가 되고 있는 쟁점이므로 현학적 논의에 갇히지 않고 법과 사회를 구체적으로 이해하는 데에 도움이 될 것이다.

우리나라의 법학 교육은 대체로 전문가 양성을 목표로 이루어져왔기 때문에 일반 독자가 읽을 만한 가벼운 교양서는 매우 드물다. 이 책이 법에 관한 지식을 갖추고자 하는 독자들의 갈증을 조금이나마 채워줄 수 있을 것이다. 추후 법학전문대학원에 진학하여 법조인이 되고자 하는 진지한 독자들에게도 두꺼운 민법 교과서에 앞서 법을 맛보기에 충분할 것이다. 법을 잘 지키며 살고 싶은 독자, 자신의 법적 권리가 무엇인지 알고자 하는 독자, 그 누구에게든 이 책은 유용할 것이다. 왜냐하면 고대 로마인들이 말했듯, 법률의 부지는 용서받지 못하기 때문이다(Ignorantia juris non excusat).

독서안내

이 책에 인용된 법률 서적 중 상당수는 번역본이 없다. 영미법학의 고전에 해당하는 책조차 번역되지 않은 것이 많다. 우리 법이 독일 과 일본의 영향으로 대륙법적 전통을 따르기 때문이기도 하지만, 영 미법을 이해하고 배우려는 노력이 부족했던 탓도 있다.

여기서는 본문에 언급된 원전의 한국어 번역본을 일부 소개하고, 법 을 더 공부하고 싶은 한국 독자들에게 추천할 만한 책의 서지사항을 제시한다.

인용서 번역본

『도덕과 입법의 원칙에 대한 서론』, 제러미 벤담 지음, 강준호 옮김, 아카넷, 2013.

『법의 개념』, 허버트 하트 지음, 오병선 옮김, 아카넷, 2001.

『황폐한 집』, 찰스 디킨스 지음, 정태륭 옮김, 동서문화사, 2014.

『자유론』, 존 스튜어트 밀 지음, 박홍규 옮김, 문예출판사, 2009.

『이기적 유전자』, 리처드 도킨스 지음, 홍영남·이상임 옮김, 을유문 화사, 2010.

『법의 제국』, 로널드 드워킨 지음, 장영민 옮김, 아카넷, 2004.

『법의 지배』, 톰 빙험 지음, 김기창 옮김, 이음, 2013.

『코드 2.0』, 로렌스 레식 지음, 김정오 옮김, 나남, 2009.

『리바이어던』, 토머스 홉스 지음, 최진원 옮김, 동서문화사, 2009.

법의 뿌리

『유럽법의 기원』, 한동일 지음, 문예림

유럽법이 어떻게 형성되고 변화되어왔는지를 역사적 맥락에서 소개한다. 특히 로마법과 교회법이 서구 법 전통에 미친 영향을 알 수 있다.

법의 가지

『민법입문』, 양창수 지음, 박영사

민사법 전반을 빠르게 훑어볼 수 있는 책으로, 교과서식 편제가 아니라 사건의 논리적 흐름에 따라 민법의 내용을 소개하고 있다. 입문서보다는 정리용으로 더 유용하다는 평가도 있다.

『헌법의 풍경』, 김두식 지음, 교양인

헌법과 인권을 둘러싼 갈등과 쟁점을 누구나 쉽게 이해할 수 있는 방식으로 담아낸 글이다. 우리 헌법의 기본 정신과 이념을 논란의 중심이 된 사건들을 통해 살핀다.

『판사 검사 변호사 그들이 알려주지 않는 형사재판의 비밀』, 노인수 지음, 지식공간

형사재판의 실제를 피고인과 변호인의 관점에서 쉽게 살펴본 책으로, 일반인의 눈높이에서 형사재판의 절차와 의미를 알려준다.

『민법강의』, 지원림 지음, 홍문사

표준적인 민법 교과서로 2천 쪽이 넘는 방대한 양을 자랑하기 때문에 본격적으로 법학을 공부해보려는 사람에게 도움이 될 것이다.

법과 도덕

『판결을 다시 생각한다』, 김영란 지음, 창비

한국을 뒤흔든 10대 판결의 의미를 사회적, 도덕적 맥락에서 재점검하는 교양서로, 이 책에서 다룬 여러 윤리적 쟁점을 한국적 시각에서 살펴볼 수 있다.

『법의 도덕성』, 론 풀러 지음, 박은정 옮김, 서울대학교출판문화원

3장에서 언급된 론 풀러 교수의 대표작으로, 법이 법이기 위해서 존중되어야 할 규준을 제시한다.

법원, 변호사

『불멸의 신성가족』, 김두식 지음, 창비

우리나라의 법조계와 사법 시스템의 문제점을 가감 없이 고발하는 책으로, 법조인이 되려는 사람이라면 한 번쯤 고민해봐야 할 문제를 다룬다.

『로스쿨 인사이드: 입학에서 취업까지』, 전 관악 로스쿨러 지음, 미디어숲

로스쿨의 입학에서부터 로스쿨 생활, 졸업과 취업까지의 과정을 서울대 로스쿨 졸업생들의 목소리로 들을 수 있다.

법학 입문

『법학통론』, 최종고 지음, 박영사

다소 딱딱하지만 표준적인 법과대학의 개론서이다. 법의 개념에서부터 민법, 형법, 헌법, 상법, 행정법, 소송법, 국제법 등 법학의 모든 영역을 간략하게 설명하고 있으며, 법제사나 법철학 등 기초 학문도 소개한다.

『법학입문』, 유병화·정영환 지음, 법문사

위와 유사한 성격의 개론서이나 판례 찾는 법, 문헌 인용하는 법 등 법학 연구를 위한 기초적인 설명을 제공하는 장점이 있다.

도판 목록

법
LAW

1판 1쇄 발행 2017년 3월 17일
2판 1쇄 발행 2023년 9월 1일
2판 2쇄 발행 2025년 1월 2일

지은이 레이먼드 웍스   **펴낸곳** (주)교유당   **펴낸이** 신정민
옮긴이 이문원   **출판등록** 2019년 5월 24일
                               제406-2019-000052호
편집 이정규 이희연 이고호   **주소** 10881 경기도 파주시 회동길 210
디자인 강혜림   **전자우편** gyoyudang@munhak.com
저작권 박지영 형소진 최은진 오서영   **문의전화** 031) 955-8891(마케팅)
마케팅 김선진 김다정   031) 955-2680(편집)
브랜딩 함유지 함근아 박민재 김희숙 이송이   031) 955-8855(팩스)
      박다솔 조다현 배진성 이서진 김하연
제작 강신은 김동욱 이순호   **페이스북** @gyoyubooks
제작처 한영문화사(인쇄) 한영제책사(제본)   **트위터** @gyoyu_books **인스타그램** @gyoyu_books

ISBN 979-11-92968-41-4 03300